Inteligência Artificial

Inteligência Artificial

ASPECTOS JURÍDICOS

2023

José Marcelo Menezes Vigliar
Coordenador

ALMEDINA

INTELIGÊNCIA ARTIFICIAL
ASPECTOS JURÍDICOS

COORDENADOR: José Marcelo Menezes Vigliar

DIRETOR ALMEDINA BRASIL: Rodrigo Mentz
EDITORA JURÍDICA: Manuella Santos de Castro
EDITOR DE DESENVOLVIMENTO: Aurélio Cesar Nogueira
ASSISTENTES EDITORIAIS: Larissa Nogueira e Letícia Gabriella Batista
ESTAGIÁRIA DE PRODUÇÃO: Laura Roberti

DIAGRAMAÇÃO: Almedina
DESIGN DE CAPA: FBA

ISBN: 9786556279084
Agosto, 2023

Dados Internacionais de Catalogação na Publicação (CIP)
(Câmara Brasileira do Livro, SP, Brasil)

Inteligência artificial : aspectos jurídicos /
coordenação José Marcelo Menezes Vigliar. –
São Paulo : Almedina, 2023.

ISBN 978-65-5627-908-4

1. Inteligência artificial – Legislação
2. Proteção de dados – Direito – Brasil I. Vigliar,
José Marcelo Menezes.

23-158262 CDU-34:004.8

Índices para catálogo sistemático:

1. Inteligência artificial e direito 34:004.8

Eliane de Freitas Leite – Bibliotecária – CRB 8/8415

Este livro segue as regras do novo Acordo Ortográfico da Língua Portuguesa (1990).

EDITORA: Almedina Brasil
Rua José Maria Lisboa, 860, Conj.131 e 132, Jardim Paulista | 01423-001 São Paulo | Brasil
editora@almedina.com.br
www.almedina.com.br

SOBRE O COORDENADOR

JOSÉ MARCELO MENEZES VIGLIAR

Bacharel, Mestre e Doutor em Direito pala Universidade de São Paulo. Pós-doutor pela Universidade de Lisboa (Clássica). Professor do Programa de Mestrado em Direito da Sociedade da Informação do Centro Universitário das Faculdades Metropolitanas Unidas. Para mais dados curriculares, consultar: http://lattes.cnpq.br/7804146294630374

SOBRE OS AUTORES

ALAN ROCHA MARTINS
Mestrando em Direito da Sociedade da Informação pelo Centro Universitário das Faculdades Metropolitanas Unidas (FMU) – Brasil. Pós-graduado em Direito Público e em Direito Empresarial pela Faculdade Legale – Brasil. Graduado em Direito pelo Centro Universitário Estácio de Sá – Brasil. Advogado de Entidades Filantrópicas
Lattes: http://lattes.cnpq.br/0258443451610223
E-mail: alanrochaadvogado@gmail.com
Orcid: https://orcid.org/0000-0003-2145-5322

EDERSON SILVA BALDUINO
Mestrando em Direito pelo Centro Universitário das Faculdades Metropolitanas Unidas (FMU). Pós-graduado em Segurança Pública e Investigação Criminal (UNIMAIS). Pós-graduado em Direito Penal Militar (UNICSUL). Pós-graduado em Ciências Jurídicas (UNICID). Graduado em Direito (UNICID). Bacharel em Ciências Policiais de Segurança e Ordem Pública (APMBB). Professor em Direito Processual Penal Militar na Academia de Polícia Militar do Barro Branco (APMBB).
Lattes: http://lattes.cnpq.br/3934305688369104.
E-mail: esbalduino@gmail.com.

ELAINE CRISTINA MARQUES
Mestranda em Direito pelo Centro Universitário das Faculdades Metropolitanas Unidas – FMU/SP. Especialista em Economia e Relações Governamentais pela FGV. Graduada em Direito – FMU/SP. Advogada.
Lattes: http://lattes.cnpq.br/9726016342833767. São Paulo/SP, Brasil.

EZEQUIEL DE SOUSA SANCHES OLIVEIRA
Mestrando em Direito pelo Centro Universitário das Faculdades Metropolitanas Unidas – FMU/SP. Especialista em Direito Digital e *Compliance*. Especialista em Direito Penal, Civil e Empresarial, Processo Civil e Penal. Especialista em Computação Forense e Perícias Digitais. Graduado em Direito. Graduado em Segurança da Informação. Advogado.
Lattes: http://lattes.cnpq.br/0816243500573497
ID Lattes: 0816243500573497
Orcid: https://orcid.org/0000-0001-6582-8026
E-mail: advogadohacker@outlook.com

FELIPE FAÉ LAVAREDA DE SOUZA
Graduado em Direito pela Universidade Presbiteriana Mackenzie. Especialista em Direito e Processo Penal pela Universidade Presbiteriana Mackenzie. Delegado de Polícia Federal. Professor de Direito Penal, Direito Processual Penal e Direito Administrativo.
Lattes:http://lattes.cnpq.br/5891179208225078.
E-mail: felipe0408@yahoo.com.br

FERNANDA DE ALCÂNTARA PIRES RIBEIRO
Mestranda em Direito da Sociedade da Informação pelo Centro Universitário das Faculdades Metropolitanas Unidas – FMU/SP. Pós-graduada em Direito e Processo do Trabalho e Direito Previdenciário pela Faculdade Estácio. Pós-graduada em Docência do Ensino Superior pela Faculdade Faepi. Graduada em Direito pela Faculdade Santo Agostinho. Advogada. Lattes: http://lattes.cnpq.br/6187093349004518.
E-mail:fernandapires0304@gmail.com

JOEL RICARDO RIBEIRO DE CHAVES
Mestrando em Direito pelo Centro Universitário das Faculdades Metropolitanas Unidas – FMU/SP. Especialista em Direito e Processo Tributário, em Advocacia no Direito Digital e Proteção de Dados, em Direito Constitucional e em Direito Imobiliário e Notarial. Graduado em Direito pela Universidade Federal de Mato Grosso – UFMT. Advogado e Encarregado de Proteção de Dados.
Lattes: http://lattes.cnpq.br/5949275058454555.
Orcid: https://orcid.org/0000-0002-4267-3313.
Cuiabá/MT, Brasil.

JOSEPH RODRIGO AMORIM PICAZIO
Mestrando em Direito da Sociedade da Informação pelo Centro Universitário das faculdades Metropolitanas Unidas (FMU). Pós-graduando com dupla titulação em LLM (Master of Laws) in data protection: LGPD e GDPR pela Fundação Escola Superior do Ministério Público – RS e pela Faculdade de Direito da Universidade de Lisboa – PT/EU. Graduado em Direito pelo Centro Universitário das Faculdades Metropolitanas Unidas (FMU). Advogado.
Lattes: http://lattes.cnpq.br/8480121283283541
Orcid ID: https://orcid.org/0000-0002-6948-239X
E-mail: josephamorim16@gmail.com

LUIZ HENRIQUE DA SILVA NOGUEIRA
Mestrando em Direito da Sociedade da Informação. Graduado em Direito pelo Centro Universitário das Faculdades Metropolitanas Unidas (FMU). Pós graduando e Direito Penal e Processo Penal pela Faculdade Legale/SP. Advogado Criminalista. Especialista no Tribunal do Júri. Sócio Fundador da LHN Advogados Associados. Empreendedor
Lattes: http://lattes.cnpq.br/4054494519984835
Orcid: https://orcid.org/0000-0001-5352-114X
E-mail: luiz.nogueira@lhnadvocacia.com.br

RAFAEL LUIZ SILVEIRA BIZARRIA
Mestrando em Direito da Sociedade da Informação nas Faculdades Metropolitanas Unidas – FMU. Pós-graduado com título de Especialista em Direito Penal Econômico pela Pontifícia Universidade Católica de Minas Gerais – PUCMG. Pós-graduado com título de Especialista em Direito Médico e da Saúde pela Faculdade Legale – FALEGALE. Professor em Direito Penal e Processual Penal pela Faculdade Legale – FALEGALE. Autor de artigos jurídicos e coautor de obras jurídicas.
Lattes: http://lattes.cnpq.br/1901771118286712.
E-mail: rafael.bizarria.br@gmail.com.

RICARDO ANDRÉ BARROS DE MORAES
Mestrando em Direito da Sociedade da Informação e Pós-Graduado com título de especialista em Direito Imobiliário e Registral pelo Centro Universitário das Faculdades Metropolitanas Unidas (FMU/SP); Pós-Graduado com título de

especialista em Direito do Consumidor pela Faculdade Legale /SP; Graduado em Ciências Jurídicas pela Universidade Bandeirante de São Paulo. Advogado Nexialista. Sócio De Moraes Advogados
Lattes: http://lattes.cnpq.br/4356794523334783
E-mail: ricardoandre@barrosdemoraes.com.br

SABRINA DA SILVA GRACIANO
Mestranda no Centro Universitário FMU em Direito da Sociedade da Informação. MBA em Corporate Strategy pela Business School São Paulo (BSP). Pós-Graduado com título de Especialista em Direitos Contratual pela Pontifícia Universidade Católica de São Paulo (PUC-SP). Graduada em Direito pela Universidade São Francisco de Bragança Paulista – SP. Advogada.
Lattes: http://lattes.cnpq.br/1534049642299051.
Orcid: https://orcid.org/0000-0001-8449-3962.
E-mail: sagraciano@gmail.com

VICTOR HUGO CUNHA SILVA
Mestrando em Direito pelo Centro Universitário das Faculdades Metropolitanas Unidas – FMU/SP. Pós-graduado em Direito Civil e em Direito Notarial e Registral. Graduado em Direito pela Universidade de São Paulo – USP. Lattes: http://lattes.cnpq.br/2928719588468171. São Paulo/SP, Brasil.

VALDIR RODRIGUES DE SÁ
Mestrando em Direito da Sociedade da Informação pela FMU. Pós-graduado em Direito Empresarial pela Escola Paulista de Direito. Pós-graduado em Docência do Ensino Superior pelo Senac/SP. Instrutor na Oficina de Oratória da OAB Secional Sé, no período de 2016/2018. Pres. da Comissão de Oratória Forense da Subseção da OAB Ipiranga/SP desde 2017. Presidente da Comissão da OAB Ipiranga vai à Escola, no triênio 2022/2024. Bacharel em Direito pela Universidade Metodista de São Paulo.
Lattes: http://lattes.cnpq.br/4234640336541384.
Orcid: https://orcid.org/0000-0002-8296-5687.
E-mail: valdir.sa@uol.com.br.

APRESENTAÇÃO

Este livro trata, seguramente, de um dos temas mais atuais e que vem gerando grandes debates na sociedade: inteligência artificial.

Desde que utilizada de forma a não edificar barreiras atitudinais discriminatórias, teremos condição de conviver com essa tecnologia que poderá ser muito útil nos campos da saúde, da segurança e tutela jurisdicional, entre outros.

Os capítulos do livro apresentam debates sobre as polêmicas que envolvem esse tema.

JOSE MARCELO MENEZES VIGLIAR

PREFÁCIO

A obra é resultado dos esforços dos discentes no âmbito do crédito de Seminário de Produção Intelectual do Mestrado em Direito da Sociedade da Informação do **Centro Universitário FMU - FIAM/FAAM,** que aceitaram o desafio de pesquisar e analisar os aspectos jurídicos da inteligência artificial, compreendida como artefatos tecnológicos que procuram simular a cognição humana para executar tarefas e que podem ser aprimorados com a utilização de dados que coletam do ambiente.

Tal empreita revelou-se ousada, do azo que a inteligência artificial carece de diretivas e de legislação em nosso país, o que dificulta analisar as problematizações e a adoção de classificações jurídicas estabelecidas, que só foram possíveis diante da expertise e coordenação segura do Prof Dr. José Marcelo Menezes Vigliar, professor permanente do PPGD.

Necessário referendar que os Alunos tiveram por objetivo explorar em seus trabalhos a tecnologia de inteligência artificial dentro do contexto das linhas de pesquisa do programa que valoriza a preservação da dignidade da pessoa humana e demais direitos diante dos impactos (positivos e nocivos) das novas tecnologias sobre a sociedade, perpassando, neste caso, pela análise dos projetos de lei brasileiros que cuidam da inteligência artificial; pela adoção da inteligência artificial para auxiliar na segurança pública em aeroportos; na preservação do meio ambiente; na problematização dos riscos envolvidos em sua utilização no âmbito do Poder Judiciário; na assistência à saúde; na conformação das decisões judiciais e dos processos judiciais.

Enfim, os trabalhos em formato de artigo científico instigam a leitura e a reflexão, revelando-se como interessante contribuição para os debates acadêmicos e doutrinários que se iniciam no cenário jurídico brasileiro sobre o tema.

Junho, de 2023.

PROF. DR. CAIO SPERANDÉO DE MACEDO
Diretor da Escola do Direito da UniFMU.
Coord. do Mestrado em Direito da Sociedade da Informação da UniFMU
Coord. do Bacharelado em Direito da UniFMU.

SUMÁRIO

1.
VIESES ALGORÍTMICOS NAS APLICAÇÕES DE INTELIGÊNCIA ARTIFICIAL: UMA ANÁLISE DOS PROJETOS DE LEI BRASILEIROS

Elaine Cristina Marques
Victor Hugo Cunha Silva

Introdução

A inteligência artificial (IA) tem sido amplamente utilizada nos mais diversos setores públicos e privados ao longo dos últimos anos. A tecnologia, que muito facilita tarefas rotineiras de empresas, indivíduos e do próprio Poder Público, permite, contudo, que vieses algorítmicos façam parte de sua estrutura, possibilitando que discriminações sejam perpetuadas em seus resultados probabilísticos que posteriormente podem ser utilizados por seres humanos na tomada de decisões.

Assim, é necessário cautela no desenvolvimento e no uso de ferramentas que se utilizam da inteligência artificial, buscando a mitigação desses vieses possivelmente discriminatórios como forma de proteção ao princípio constitucional da isonomia e da dignidade da pessoa humana.

Casos paradigmáticos já foram noticiados ao redor do globo apresentando malefícios de aplicações de inteligência artificial enviesadas, que culminaram em perigosos casos de discriminação racial e de gênero.

Nesse sentido, cabe ao Direito regulamentar as novas aplicações de modo que os princípios constitucionais sejam respeitados e devidamente aplicados nos vindouros casos concretos, especialmente no cenário brasileiro.

O obstáculo da regulação, todavia, surge entre outros motivos por conta do conflito inerente entre o veloz e exponencial desenvolvimento tecnológico, que avança suprimindo barreiras espaciais e temporais, e o lento processo legislativo, que, via de regra, estabelece-se com olhar ao passado, por condutas já perpetuadas e que foram consideradas pelo legislador como merecedoras da tutela jurídica.

Em termos de normatividade, cabe refletir sobre as escolhas brasileiras para proteger os direitos fundamentais de seus cidadãos e garantir-lhes isonomia nos exatos termos do texto constitucional.

O mercado de tecnologia promete que seu pleno desenvolvimento oferecerá inúmeras aplicações não só na geração de novos negócios como em diversas áreas – que incluem desde pautas sociais, infraestrutura de cidades até a educação de crianças. Tais aspectos indicam que existe mais de um caminho normativo a se percorrer. Isso implica eleger um conjunto regulamentário mais rigoroso, com conceitos previamente definidos sobre o que não se pode fazer ou definir princípios norteadores, incentivando que os ambientes regulatório, setorial e de autorregulação definam, comuniquem, monitorem e corrijam.

O direito regulatório, compreendido como um ramo do direito público que interfere em determinados campos de atividade social e economicamente relevantes, tem ganhado protagonismo desde a redemocratização brasileira. Há expectativa de que autoridades reguladoras imprimam os princípios do direito administrativo, resguardem os direitos do cidadão e não impeçam o avanço tecnológico nas respectivas áreas de atuação ao mesmo tempo. Isso significa que um eventual marco regulatório para inteligência artificial (IA) pode ser ovacionado pela comunidade jurídica e, ao mesmo tempo, visto como um obstáculo para as necessidades mais emergentes tanto por empresas que desenvolvem tecnologia como por aquelas que a consomem para impulsionar seus negócios.

Concomitantemente, organismos bilaterais de indiscutível influência como a Organização para Cooperação e Desenvolvimento Econômico – OCDE, a Organização das Nações Unidas – ONU – e o Fórum Econômico Mundial tem alertado sistematicamente todos os membros e seus candidatos sobre a necessidade de mecanismos que monitorem de forma eficaz e eficiente o uso de IA nas mais diversas áreas, inclusive em operações internacionais.

O Brasil – candidato a membro da OCDE – não está imune a essa pressão, que não vem apenas de organismos com a missão de orientar sobre o desenvolvimento das nações. Estados que querem oferecer a tecnologia produzida por suas empresas nacionais – algumas com ativos que superam o PIB de muitos países – e a expectativa interna de ter à disposição meios modernos de produção, otimização de fluxo de trabalho e exponenciação de mercado de consumo também pressionam.

Portanto, se o Estado brasileiro vê no uso da tecnologia e aplicações de IA uma forma para desenvolver melhores e mais eficientes políticas públicas para a promoção de direitos e garantias fundamentais a todos, concretizar o desiderato constitucional, também lhe cabe garantir que, para a consecução de tais direitos, não coloque em risco princípios que convivem na mesma Carta.

O Supremo Tribunal Federal – STF, no papel de guardião constitucional, continuamente se manifesta acerca dos princípios nas mais diferentes áreas, ponderando a aplicação da isonomia e seu impacto na vida cotidiana dos indivíduos como plano de previdência complementar[1], trabalho do preso[2] ou exigência de depósito prévio para admissibilidade de recurso administrativo[3].

Essa ponderação, frise-se, na última instância da esfera judicial, em muitos casos tem por objetivo garantir a aplicação de princípios constitucionais, neutralizando ou mitigando eventuais vieses que podem ocorrer nos negócios jurídicos entre particulares e pelo próprio Estado na consecução até mesmo das mais nobres funções. Vale lembrar que "existe viés quando a maioria dos erros num conjunto de julgamentos vai na

[1] RE 639138, Relator(a): Gilmar Mendes, Relator(a) do acórdão: Edson Fachin, Tribunal Pleno, julgado em 18/08/2020, PUBLIC 16/10/2020. Sobre tema. – cláusula de contrato de previdência complementar que, ao prever regras distintas entre homens e mulheres para cálculo e concessão de complementação de aposentadoria.

[2] ADPF 336, Relator(a): Luiz Fux, Tribunal Pleno, julgado em 01/03/2021, PUBLIC 10/05/2021. Sobre autorização legal para a percepção de remuneração inferior ao salário-mínimo no trabalho do preso.

[3] ADPF 156, Relator(a): Cármen Lúcia, Tribunal Pleno, julgado em 18/08/2011, DJe-208 DIVULG 27-10-2011 PUBLIC 28-10-2011 EMENT VOL-02617-01 PP-00001 RT v. 100, n. 914, 2011, p. 379-393. Sobre [declarar a não recepção do § 1o do art. 636 da CLT pela Constituição da República de 1988.

mesma direção" (KAHNEMAN *et al.*, 2021, p. 312). São comuns e advém de modelos matemáticos.

Diante do exposto, o que se pretende com o presente estudo é avaliar as iniciativas adotadas pelo Estado brasileiro e ponderar se são suficientes para fomentar um ambiente de negócios hígido, além de construir um conjunto de regras suficientemente claras para detectar e corrigir eventuais erros e ilícitos para que a tecnologia e tudo o que de positivo que ela traz para o mercado não afete a pessoa natural.

1. Conceitos preliminares sobre inteligência artificial

Antes que se possa efetivamente discutir a existência, formas de mitigação e regulação de vieses algorítmicos nas aplicações da inteligência artificial, é mister, em um primeiro momento, apresentar conceitos básicos da própria IA com a finalidade de tornar o debate mais claro.

Cabe destacar inicialmente a definição cunhada por Irineu Barreto Júnior e Gustavo Venturi Junior para quem a inteligência artificial deve ser conceituada como:

> (...) a tecnologia informática desenvolvida com o intuito de oferecer soluções para perguntas humanas, com crescente probabilidade estatística de acerto, questões cujas respostas exigem a simulação da capacidade humana de raciocinar, perceber, tomar decisões e resolver problemas (2020, p. 337).

Apesar de ter se tornado popular nos últimos anos, o termo inteligência artificial remonta à década de 50. Conforme ensinam Siqueira e Lara, o termo foi cunhado originalmente por John McCarthy, um cientista da computação estado unidense, em 1955, que a definiu como a "a ciência e a engenharia de fazer máquinas inteligentes, especialmente programas de computador inteligentes" (SIQUEIRA; LARA, 2020, p. 305).

Deve-se ressaltar, contudo, que, apesar de a nomenclatura utilizada ensejar certa confusão, a inteligência artificial não é autônoma, ou seja, não atua por desígnios próprios, mas depende de uma criação humana para a elaboração de sua estrutura (BARRETO JÚNIOR; VENTURI JUNIOR, 2020, p. 340).

A tecnologia informática ora em questão funciona à base de algoritmos, ou seja, à base de sequências finitas de instruções precisas implementadas em sistemas de computação (OSOBA; WELSER VI, 2017, p. 4). Algoritmos também podem ser definidos como "qualquer procedimento de computador bem definido que possua algum valor agregado na qualidade de suas entradas (input), gerando outros valores na saída (output), de forma que pode ser considerado uma ferramenta para resolver um problema" (MARANHÃO *et. al.*, 2021, p. 155)

Todavia, é forçoso notar que os algoritmos que estruturam a inteligência artificial são muito mais avançados que aqueles que antecederam a nova tecnologia, na medida em que "os algoritmos da IA não apenas processam números por meio de modelos matemáticos estáticos, mas atualizam seus comportamentos interativamente com base em modelos ajustados em resposta à sua experiência (input data) e métricas de desempenho"[4] (OSOBA; WELSER VI, 2017, p. 5).

O que se torna de grande relevância destacar é que a inteligência artificial, ao contrário do que grande parte da população pode imaginar, não pode ser considerada neutra ou infalível. Isso porque carrega em sua gênese estrutural formulações humanas que visam a responder questões, com base em probabilidade, também humanas, e é justamente por esse motivo que se faz necessário o debate a respeito da aplicação ética das aplicações de IA (BARRETO JÚNIOR; VENTURI JUNIOR, 2020, p. 341-342).

Esse problema se agrava quando analisado o grande potencial de coleta, armazenamento e tratamento de dados pessoais na Sociedade da Informação, dados esses que serão posteriormente utilizados por algoritmos de inteligência artificial para auxiliar a tomada de importantes decisões nos setores público e privado.

Assim, com o dimensionamento atual do estágio tecnológico, eventuais erros e incidentes podem afetar diretamente direitos fundamentais de pessoas em grande escala, uma vez que os dados em circulação no ambiente virtual são humanamente incontáveis, além de uma estarrecedora capacidade computacional de analisá-los estatisticamente.

[4] Tradução livre de "The difference is that the algorithms are not just crunching numbers through static mathematical models but update their behavior iteratively based on models tuned in response to their experience (input data) and performance metrics."

Outro fator que demanda muita atenção quando se trata do uso de inteligência artificial é a sua opacidade de sistemas de aprendizado. Nas palavras de Juliano Maranhão *et al:*

> A opacidade de sistemas de aprendizado de máquina é uma das maiores fontes de atenção e preocupação na atualidade, principalmente no que diz respeito à possibilidade de contestação, mas também em relação ao risco de incorporação de vieses que resultem em construção de perfis ou tomadas de decisão discriminatórias, ou ainda da possibilidade de tomadas de decisão que ignorem valores humanos ou desrespeitem direitos fundamentais e a dignidade humana (2021, p. 159)

A alta complexidade dos modelos matemáticos dos algoritmos que dão funcionamento à IA, a grande escala de aplicação dos algoritmos que funciona como um sistema de componentes interligados em uma rede complexa, bem como a falta de transparência intencional de empresas do setor, que buscam guardar segredos industriais, fazem com que a opacidade do sistema seja verificada no estágio atual de desenvolvimento da inteligência artificial (BURREL, 2016, p. 3-6).

A complexidade reforça, ainda, certa desconfiança do público em geral no uso abrangente da IA, conforme asseveram Engelmann e Souza, que encontram no conceito de fluência algorítmica, ou seja, "a capacidade do ser humano de compreensão do funcionamento e dos riscos de sistemas de inteligência artificial" (2021, p. 4) uma possível forma de superar o distanciamento da população em face da tecnologia.

2. Viés algorítmico e discriminação algorítmica

Como se viu anteriormente, a inteligência artificial, que se utiliza de algoritmos, busca oferecer soluções a problemas humanos com base probabilística. Para tanto, se utilizam de *inputs,* uma base de dados da qual os algoritmos extraem suas respostas.

Diante dessa lógica de funcionamento de uma inteligência artificial é possível perceber que a atuação humana ocorre em, pelo menos, dois momentos: (i) na estruturação do próprio algoritmo; e (ii) na escolha e inserção dos primeiros dados a serem analisados.

A atuação humana permite que erros e falhas ocorram na inteligência artificial, podendo culminar na inserção de vieses e discriminações, humanas e sociais, dentro de uma realidade computacional que não possui juízos de valor capazes de barrar decisões discriminatórias. Isso porque, conforme asseveram Laura Mendes e Marcela Mattiuzo, computadores não são capazes de entender "bom" e "ruim", mas apenas instruções precisar e binárias (2019, p. 43).

Assim, bases de dados enviesadas ou uma estruturação enviesada, ainda que não intencionais, podem causar grandes prejuízos, especialmente a grupos minoritários (DAVIS, 2022, p. 579).

Nesse contexto, estudiosos apontam diferentes formas pelas quais vieses podem ser integrados a um sistema de algoritmos de inteligência artificial. Conforme preleciona Andes Davis:

> O viés pode se infiltrar nos conjuntos de dados por meio de cinco mecanismos diferentes: (1) o dados de treinamento sendo usados, (2) a rotulagem de variáveis e classes de destino, (3) a seleção de características observadas e incorporadas na análise, (4) a presença de proxies (usando variáveis indefinidas como um substituto para classe adesão), e (5) o processo de mascaramento (ocultar decisões prejudiciais através de variáveis legitimadas de outra forma). Dentro de cada um desses mecanismos, tanto a discriminação intencional quanto a não intencional tem a oportunidade aparecer e causar danos (2022, p. 579)[5]

Denota-se, dessa forma, que algoritmos podem absorver vieses da sociedade e reforçá-los por meio de aplicações de inteligência artificial (GHILI, 2021, n.p.)

[5] Tradução livre de: Bias can creep into datasets through five different mechanisms: (1) the training data being used, (2) the labeling of target variables and classes, (3) the selection of features observed and incorporated into analysis, (4) the presence of proxies (using nondescript variables as a stand-in for class membership), and (5) the process of masking (hiding prejudicial decisions through otherwise legitimized variables). Within each of these mechanisms, both intentional and unintentional discrimination has the opportunity to appear and cause damage.

Algoritmos enviesados implicam a chamada discriminação algorítmica, que pode ensejar a tomada de decisões públicas e privadas que afetam direitos fundamentais de pessoas após a tomada de decisões, públicas ou privadas, que se basearam nas respostas probabilísticas de uma inteligência artificial não isenta.

Nesse contexto, Mendes e Mattiuzo apresentam a tipologia da discriminação algorítmica, estabelecendo quatro espécies de sua materialização: (i) *discriminação por erro estatístico,* como aquela que decorre de falhas dos engenheiros de computação, abarcando coleta de dados incorreta e erros de programação, por exemplo; (ii) *discriminação por generalização,* natural em qualquer processo probabilístico que acaba por determinar um indivíduo exclusivamente com base nos dados do grupo a qual está vinculado, sem considerar suas características próprias e peculiares; (iii) *discriminação pelo uso de informações sensíveis,* aquela que decorre da utilização de dados pessoais legalmente protegidos, a exemplo da verificação de orientação religiosa para a concessão de crédito; e (iv) *discriminação limitadora de exercício de direitos,* que apesar de estatisticamente correta se utilizada de uma informação com finalidade precípua de afetar um direito garantido a alguém (MENDES, MATTIUZO, 2019, p. 51-53).

Todas as formas de discriminação algorítmica, como se pode notar, tem potencial de ferir os princípios constitucionais de isonomia e da dignidade da pessoa humana. Considerando a complexa rede computacional que forma as inteligências artificiais, e a opacidade dos sistemas de aprendizado, pode ser ainda mais difícil de identificar algum viés, que somente se revelará após a tomada de decisão baseada na IA e que interferirá diretamente na vida de seres humanos.

Com a finalidade de demonstrar e clarear a relevância do tema, ainda pouco discutido em território nacional, alguns casos noticiados internacionalmente serão apresentados.

2.1 Casos concretos de discriminação algorítmica

Em agosto de 2021, o portal The Markup apresentou interessante estudo que demonstrou que a população negra estado unidense tem de 40 a 80% de chances maiores de terem financiamento imobiliários negados do que a população branca. A discrepância ocorre especialmente pela utilização de um algoritmo antigo de *score* de crédito que generaliza indevidamente a população e utiliza dados inconsistentes para a solução dos problemas postos, causando prejuízos a um grupo racial específico, sem que se saiba ao certo como esse algoritmo funciona (MARTINEZ; KIRCHNER, 2021, n.p.).

Na área da saúde, pesquisadores da Coreia do Sul demonstraram que a utilização do modelos de IA que se baseavam exclusivamente em um único gênero para definir o grau de gravidade de casos iniciais de COVID-19 era menos preciso que um modelo não enviesado por diferenças de gênero (CHUNG, 2021).

Ainda no que toca à seara da saúde, cientistas da Universidade de Berkley, identificaram que um algoritmo amplamente utilizada no sistema de saúde nos Estados Unidos equivocadamente considerava pacientes negros mais saudáveis que pacientes brancos, em um mesmo nível de risco de saúde, fazendo com que homens negros recebessem menos da metade do montante em tratamento para doenças complexas do que homens brancos (OBERMEYER, 2019).

No âmbito criminal, estudos norte-americanos apontaram que o Correctional Offender Management Profiling for Alternative Sanctions – COMPAS, um sistema de inteligência artificial e *machine learning* utilizado por cortes dos Estados Unidos na assistência de decisões que tratam de liberdade condicional e fiança, com previsões sobre a possibilidade de reincidência, além de exibir um alarmante número de previsões equivocadas, com falsos-positivos para reincidência, o índice de falsos positivos para a população negra era o dobro que o da população branca, na medida em que os *inputs* utilizados carregavam discriminações generalizadas racistas (DAVIS, 2021, p. 585-587).

Em relação a gênero, Susan Leavy, da Universidade de Dublin, assevera que a linguagem utilizada nas bases de dados da inteligência artificial pode acabar silenciosamente com décadas de avanço na igualdade de gênero, na medida em que há uma super-representação de homens na concepção dessas tecnologias, fazendo com que estereótipos sejam indevidamente incluídos na estruturação da IA e ocasionando vieses algorítmicos prejudiciais (2018, p. 14)

Diante e todo o exposto, é necessário que se passe ao debate da regulamentação da IA no Brasil, verificando, especificamente se os projetos de lei que tramitam atualmente no Congresso Nacional, buscam, em alguma medida, mitigar as discriminações como visto acima.

3. As ações estratégicas do Estado brasileiro

Para entender se existe ou não um plano estratégico para lidar com o uso da inteligência artificial, serão apresentadas as iniciativas em território brasileiro. Desde logo, o foco será mantido na matéria prima da aplicação da IA, o dado e, nesse caso em particular, o dado da pessoa natural.

José Afonso da Silva (1998), a partir dos ensinamentos deixados por Kant, coloca a pessoa humana no centro de quaisquer iniciativas que um Estado pode ter. Segundo o autor,

> a pessoa é um centro de imputação jurídica, porque o Direito existe em função dela e para propiciar seu desenvolvimento. Nisso já se manifesta a ideia de dignidade de um ser racional que não obedece a outra lei senão àquela que ele mesmo, ao mesmo tempo, institui, no dizer de Kant. Poderíamos até dizer que a eminência da dignidade da pessoa humana é tal que é dotada ao mesmo tempo da natureza de valor supremo, princípio constitucional fundamental e geral que inspiram a ordem jurídica, Mas a verdade é que a Constituição lhe dá mais do que isso, quando a põe como fundamento da República Federativa do Brasil constituída em Estado Democrático de Direito, Se é fundamento é porque se constitui num valor supremo, num valor fundante da República, da Federação, do País, da Democracia e do Direito. Portanto, não é apenas um princípio da ordem jurídica, mas o é também da ordem política, social, econômica e cultural. Daí sua natureza de valor supremo, porque está na base de toda a vida nacional. (SILVA, 1998)

Pode-se dizer que a isonomia entre os indivíduos é pilar irremovível da vida democrática. Logo, com essa perspectiva é possível avaliar as iniciativas legislativas sobre a aplicação da IA e se o mesmo cuidado é detectado.

A ideia não é nova, tendo os gregos como fundadores da reflexão sobre cidadania. O termo indica os pertencimentos jurídico e político característicos dessa forma de organização social que é a democracia – um regime que permitirá ao homem afirmar-se como livre. A democracia, portanto, permite uma vida livre pois está constituída pelos institutos da isonomia (igualdade de todos os cidadãos perante a lei) e da isegoria (direito de todo cidadão poder participar do processo de formação da vontade estatal).

Todavia, a igualdade vai além de ser um direito fundamental. Ela se assume como princípio interpretativo de outros direitos fundamentais, tornando-se um elemento essencial para o controle de constitucionalidade dos atos estatais. Segundo José Adilson Moreira (2020),

> a igualdade é ainda um parâmetro para o julgamento da racionalidade dos atos governamentais que estabelecem tratamento diferenciado entre os indivíduos. Ao assegurar o mesmo tratamento a todos os cidadãos, o princípio da igualdade é uma regra a ser observada no processo de elaboração e aplicação do Direito. Se o preceito de que todos os indivíduos devem ser tratados da mesma forma perante a lei emergiu com o liberalismo filosófico, a noção de igualdade no conteúdo da lei surgiu posteriormente, mas especificamente em função da consagração da isonomia formal como um parâmetro para o controle de constitucionalidade dos atos estatais. O aparecimento do processo de controle de constitucionalidade motivou os tribunais a impor limites substantivos à atividade estatal, de modo que eles pudessem declarar a ilegalidade dos atos governamentais que contrariassem o princípio da igualdade. A referência ao liberalismo racional sempre teve grande importância na justificação da proteção dos direitos individuais.
> A noção de que todos os indivíduos possuem a mesma capacidade racional, o que permite a ação autônoma, levou vários tribunais a declarar a inconstitucionalidade de leis, restringindo as liberdades dos indivíduos ao longo do desenvolvimento do constitucionalismo moderno. Procurando garantir a igualdade entre os cidadãos, os tribunais adotaram uma perspectiva de interpretação da igualdade de forma que eles pudessem identificar atos estatais arbitrários. (MOREIRA, 2020, p. 212)

3.1 As iniciativas do Poder Executivo

A Organização para Cooperação e Desenvolvimento Econômico – OCDE – é uma "organização internacional que trabalha para construir melhores políticas para uma vida melhor." Seu objetivo é delinear políticas para promoção de prosperidade, igualdade, oportunidade e bem-estar para todos. A entidade baseia-se em "60 anos de experiência e insights para preparar melhor o mundo de amanhã." (OECD, s.d.)

A OCDE conta com 38 membros efetivos, sendo três da América Latina (Colômbia, Chile e Costa Rica). Ela se propõe a ser um centro de conhecimento e um permanente fórum de troca de experiências. Países candidatos a membros, dentre eles o Brasil, veem com muito interesse a possibilidade de se aproximar de nações com necessidades complementares e fazer parte de projetos que promovam o desenvolvimento.

A página *OCDE.AI Policy Observatory* é uma fonte de informações sobre políticas e recomendações sobre IA em todo o mundo, permitindo a consulta e a comparação de iniciativas entre países. No painel do Brasil, foram citados no tópico Orientação e Regulamentação apenas três itens: Centros de Tecnologia Aplicada para Eficiência Urbana; Lei Brasileira de AI nº 2020 (um dos projetos de lei que será abordado posteriormente); e a Lei Geral de Proteção de Dados Pessoais – LGPD (OCDE, 2022).

Dois pontos interessantes nas Recomendações do Conselho de Inteligência Artificial são o conceito de ciclo de vida do sistema de IA e o de que seus atores devem respeitar o estado de direito, os direitos humanos e os valores democráticos durante todo o ciclo da vida do sistema de IA. Tais aspectos tornam-se particularmente interessantes após a leitura dos projetos de lei em tramitação nas casas legislativas brasileiras.

3.2 As iniciativas das Casas Legislativas

Seis projetos de lei tramitam no Senado Federal sob o argumento inteligência artificial. Para melhor compreensão, eles foram agrupados em dois blocos, com destaque ao segundo que gerou desdobramentos importantes quanto ao uso e o desenvolvimento da IA no Brasil.

No primeiro bloco estão os seguintes projetos de lei:

- PL nº 745/2022, que dispõe sobre o uso de aplicações de reconhecimento facial, de autoria do Sen. Jorge Kajuru – PODEMOS/GO (BRASIL, 2022);
- PL nº 4513/2020, que institui a Política Nacional de Educação Digital, e dá outras, de iniciativa da Dep. Angela Amin – PP/SC (BRASIL, 2020); e
- PL nº 5691/2019, que institui a Política Nacional de Inteligência Artificial, de autoria do Sen. Styvenson Valentim – PODEMOS/RN (BRASIL, 2019).

No segundo bloco, encontram-se os de maior relevância para este artigo pois, por meio do Ato do Presidente do Senado Federal nº 4/2022 (BRASIL, 2022), foi instituída uma comissão de juristas responsável por subsidiar a elaboração de minuta de substitutivo para instruir a apreciação de tais projetos de lei. São eles:

PL nº 5051/2019, que estabelece os princípios para o uso da Inteligência Artificial no Brasil, de autoria do Sen. Styvenson Valentim – PODEMOS/RN (BRASIL, 2019);PL nº 872/2021, que dispõe sobre o uso da Inteligência Artificial, de autoria do Sen. Veneziano Vital do Rêgo – MDB/PB (BRASIL,2021); e PL nº 21/2020, que estabelece fundamentos, princípios e diretrizes para o desenvolvimento e a aplicação da inteligência artificial no Brasil; e dá outras providências, de iniciativa do Dep. Eduardo Bismarck – PDT/CE (BRASIL, 2020). Aprovado pela Câmara dos Deputados, o PL 21/2020 fornece importantes insumos sobre as escolhas legislativas. Por isso sua tramitação será mais bem explorada a seguir.

3.2.1 Tramitação do Projeto de Lei 21/2020

O projeto foi apresentado em 04 de fevereiro de 2020. No mesmo mês, foi remetido para Comissão de Ciência, Tecnologia, Comunicação e Informática – CCTCI – e o requerimento do deputado autor do PL quanto à inclusão da Comissão de Defesa do Consumidor foi indeferido pela Mesa Diretora da Câmara.

Em março de 2021, o projeto retomou seu trâmite com a aprovação do requerimento do Dep. Leo de Brito (PT/AC) para realização de audiência pública para o debate sobre o conteúdo do projeto de lei e a designação da Dep. Luísa Canziani (PTB/PR) como relatora. Logo após o transcurso das sessões previstas, sem quaisquer emendas, foram aprovados o requerimento de tramitação em caráter de urgência e o novo pedido de audiência pública, formulado pela relatora designada.

Os convidados que participaram destas audiências tiveram seus comentários destacados no relatório preliminar da relatora (BRASIL, 2021b), conforme sintetizado abaixo.

Gustavo Rodrigues, coordenador de Políticas Públicas do Iris, afirmou que a IA tem um grande potencial de gerar riqueza, mas um risco igualmente elevado para os valores humanos e democráticos. Destacou, ainda, a virada ética no âmbito de IA mencionando vários documentos internacionais de *soft law*, o que demonstra um consenso cada vez maior entre academia e indústria. Há, contudo, escassez de parâmetros mais concretos de tradução de princípios éticos para a realidade. Assim, defendeu a adoção do princípio da precaução e a obrigatoriedade de um relatório de impacto (BRASIL,2021b, p.4 e 5).

Dora Kaufman, professora da PUC-SP, ressaltou que o PL 21/2020 não prevê punições e indagou o que ocorreria em caso de não conformidade. Asseverou, também, que há aspectos éticos gerais que são consensuais, mas que muitas vezes são de difícil aplicabilidade (BRASIL, 2021b, p.5).

Bruno Bioni, Diretor-fundador da Data Privacy Brasil, por sua vez, manifestou-se afirmando que o projeto de lei tem baixa normatividade e poderá ter efeitos colaterais, pois não mostra como seus objetivos podem ser alcançados. Sustentou uma convergência entre a perspectiva do *soft law* e *hard law*, que, além das condutas éticas, teria uma eficácia normativa de coercibilidade dos padrões tecnológicos (BRASIL, 2021b, p.6 e 7).

Nina da Hora, cientista da computação e pesquisadora da PUC-Rio, aduziu que os possíveis riscos já estão acontecendo sem que possamos capturar ou monitorar. Enfatizou que a questão é como fazer isso em áreas como segurança pública e entretenimento, por exemplo. E, por fim, lembrou que a tecnologia é criada por ser humano (BRASIL, 2021b, p.7).

Neste mesmo parecer, a relatora destacou duas modificações. A primeira foi em razão do texto original ter sido inspirado nos conceitos e diretrizes propostos pela OCDE. Por se tratar de um documento de organização internacional, apresentar natureza principiológica e contar com um texto mais aberto, foi proposta uma definição mais detalhada e restrita, incluindo um rol exemplificativo, utilizando a proposta europeia como fonte. A segunda alteração, de acordo com a relatora, foi uma preocupação em orientar a futura atividade regulatória sem inibir o avanço tecnológico, uma vez que a insegurança e o desconhecimento sobre seu funcionamento e seus impactos podem levar a excessos regulatórios que acabam desestimulando sua adoção e impedindo inovação. Por essa razão, não foram propostas limitações *ex ante* a tipos de inteligência artificial (proibições absolutas) nem mesmo a especificação *ex ante* do que seria IA de alto risco. Tais definições foram deixadas para a legislação, regulação ou autorregulação setorial posterior "conforme amadurecimento da tecnologia do Brasil e a identificação mais precisa dos riscos envolvidos em cada atividade ou aplicação". (BRASIL, 2021b, p.11).

É indiscutível a capacidade de evolução das aplicações da Inteligência Artificial. Mas será que hoje esses mesmos *experts* convidados não teriam condições de mencionar quais riscos já foram identificados nas atividades e ações desempenhadas? As ameaças que já foram identificadas serão deixadas para o futuro? É exatamente aqui que se observa o efeito brasileiro da desabalada carreira legislativa cuja origem, hipoteticamente, encontra-se na pressão de grupos de interesse.

Embora não seja possível prever todo tipo de desvirtuamento e enviesamento nas relações humanas mesmo nas sem uso da tecnologia, há que se ponderar que efeitos colaterais já detectados e sentidos devem ser objeto de normatividade. A eventual resistência em se admitir que as implicações do uso da tecnologia já são percebidas e causam consequências já recebeu a denominação de alienação técnica. O termo, forjado pelo filósofo Gilbert Simondon, pode ser definido como:

> a ignorância ativa sobre como funcionam as redes de criação, desenvolvimento e uso de tecnologias, na fé da completa ausência de importância de se conhecer e dominar localmente os processos tecnológicos. A alienação tecnológica em uma sociedade dataficada é reforçada pelo dataísmo. Segundo Jose Van Dijck, o dataísmo é a crença na quantificação e no rastreamento de todos os tipos de comportamento humanos e sociabilidades pelas tecnologias das mídias online. Também é a confiança extrema na imparcialidade e na neutralidade dos agentes que coletam, interpretam e compartilham os dados coletados. (SILVEIRA *et. al.*, 2021, p. 42).

Há que se acompanhar atentamente se a escolha legislativa de delegar para o ambiente regulatório não prejudicará ou relegará a proteção aos direitos fundamentais a um plano secundário; em especial, no que se refere a garantir que todos os indivíduos terão tratamento igualitário. Como lembra José Adilson Moreira,

> ao assegurar o mesmo tratamento a todos os cidadãos, o princípio da igualdade é uma regra a ser observada no processo de elaboração e aplicação do Direito. Se o preceito de que todos os indivíduos devem ser tratados da

> mesma forma perante a lei emergiu com o liberalismo filosófico, a noção de igualdade no conteúdo da lei surgiu posteriormente, mas especificamente em função da consagração da isonomia formal como um parâmetro para o controle de constitucionalidade dos atos estatais. O aparecimento do processo de controle de constitucionalidade motivou os tribunais a impor limites substantivos à atividade estatal, de modo que eles pudessem declarar a ilegalidade dos atos governamentais que contrariassem o princípio da igualdade. A referência ao liberalismo racional sempre teve grande importância na justificação da proteção dos direitos individuais. (MOREIRA, 2020, p.212).

Diante do exposto, cabe ainda outra indagação: existe o dilema proposto entre resguardar "cidadãos brasileiros de eventuais riscos e excessos regulatórios que acabam desestimulando sua adoção impedindo a inovação" na elaboração de um marco regulatório? (BRASIL, 2021b, p.10). De nossa parte, acreditamos que não. O ser humano, motivo de toda a obra legislativa, é aquele a ser protegido tanto em razão dos seus direitos garantidos constitucionalmente como pelo seu interesse em viver em um país com matriz econômica diversificada, dinâmica e potencializadora de negócios. É nesse sentido o entendimento de Renato Ópice Blum e Núria López, para quem "o desenvolvimento de inteligência artificial centrado no ser humano surge como matriz de toda a regulamentação" (2020, p. 2).

3.3 Comissão de juristas e estrutura legal proposta

Por meio do Ato do Presidente do Senado Federal nº 4 de 2022, foi instituída a comissão de juristas responsável por subsidiar a elaboração de minuta de substitutivo para instruir a apreciação dos projetos de Lei nº 5051/2019, 21/2020 e 872/2021. O objetivo era estabelecer princípios, regras, diretrizes e fundamentos para regular o desenvolvimento e a aplicação da inteligência artificial no Brasil (BRASIL, 2022a).

Instalada em 30 de março, a comissão elaborará um projeto de regulação de IA no Brasil, estabelecendo um texto a partir dos PLs citados. Ela é presidida pelo jurista Min. Ricardo Cueva do STJ, que garantiu que o colegiado ouvirá amplamente o setor privado, a sociedade civil, além de organismos intergovernamentais e multilaterais ligados à temática em questão. A relatora é a jurista Laura Schertel, que tratará dos riscos inaceitáveis ligados à aplicação de IA, o uso do princípio da precaução, além de segredos industriais e comerciais.

A comissão apresentou a estrutura base do projeto de lei com sete capítulos: (i) disposições preliminares (âmbito de aplicação, princípios, fundamentos, definições); (ii) dos direitos; (iii) da avaliação e categorização dos riscos (critérios para a classificação de riscos, avaliação de impacto algorítmico para alto risco); (iv) da governança dos sistemas de inteligência artificial; (v) da responsabilidade civil; (vi) da supervisão e fiscalização; e (vii) das disposições finais.

Até a conclusão deste artigo, a Comissão de Juristas não divulgou sua proposta de texto para o substitutivo. Porém, considerando a manifestação da relatora, a expectativa é a de que algumas ações preventivas e repressivas para as situações de não conformidade finalmente integrem o texto. Além disso, as mudanças exigirão o retorno do projeto para a Câmara dos Deputados.

Sem prejuízo, é digno de nota o cuidado do Senado Federal ao criar a comissão e convidar profissionais com experiência no tema, em especial, aqueles que demonstraram comprometimento em ouvir a sociedade civil e zelar por aspectos que vem sendo debatidos no mundo todo.

3.4 A participação da Autoridade Nacional de Proteção de Dados

A Autoridade Nacional de Proteção de Dados – ANPD, originalmente, não constava no texto da Lei n° 13.709, conhecida como Lei Geral de Proteção de Dados Pessoais – LGPD. Ela foi incluída por meio da Medida Provisória nº 869 e convertida na Lei 13.853 (BRASIL, 2018 e 2019a). Sua estrutura regimental e quadro de cargos somente foram definidos pelo Decreto 10.474 de agosto de 2020, com a nomeação do Diretor-Presidente e demais diretores em novembro de 2020 (BRASIL, 2020b). Ou seja, há apenas um ano o Estado brasileiro possui um ente em condições de funcionamento e, no momento inicial, como órgão vinculado a Presidente da República.

No dia 25 de outubro de 2022 foi publicada a Lei 14.460, transformando a ANPD em autarquia de natureza especial (BRASIL, 2022c). Segundo a própria Autoridade,

> a transformação da natureza jurídica da ANPD possibilitará à Autoridade maior capacidade para priorizar ações e gerar melhores resultados para a sociedade. Além disso, trará maior segurança jurídica para os indivíduos e organizações representando um avanço na aplicação da LGPD, elevando a reputação e a credibilidade internacional do Brasil. (ANPD, 2022a).

A opção pela forma de autarquia sob regime especial diz muito, para não dizer tudo. Autarquias são entes da Administração Pública indireta e estão previstas desde o Decreto-Lei nº 200, de 25 de fevereiro de 1967. Sua conceituação está no inciso I do art. 5° como "o serviço autônomo, criado por lei, com personalidade jurídica, patrimônio e receita próprios, para executar atividades típicas da Administração Pública, que requeiram para seu melhor funcionamento, gestão administrativa e financeira descentralizada" (BRASIL, 1967).

O parágrafo único do art. 55-K da LGPD confirma a conclusão sobre essa parcela de poder estatal quando textualmente previu que "a ANPD articulará sua atuação com outros órgãos e entidades com competências sancionatórias e normativas afetas ao tema de proteção de dados pessoais e será o órgão central de interpretação desta Lei e do estabelecimento de normas e diretrizes para a sua implementação" (BRASIL, 2018).

Por ser a LGPD uma lei principiológica, a comunidade jurídica sabe de antemão que a comissão terá um desafio imenso em não só construir a musculatura que as demais autarquias contam como também tornar factível os ideais contidos no texto legal na rotina de empresas e pessoas. Diante de todo o cenário complexo que se apresenta, há que se presumir que por parte dos representantes das empresas – controladoras e operadores – nota-se uma ansiedade por entender como se dará o processo sancionador da ANPD (até o presente momento apenas foi divulgado, carecendo de regulação a dosimetria das sanções) e uma preocupação sobre como a Autoridade se posicionará sobre assuntos controvertidos com delicado processo de balanceamento de princípios legais.

Em paralelo ao que acontecia no Senado Federal, em 04 de novembro a ANPD abriu a tomada de subsídios para o que chamou de modelo voltado a "simplificar as operações de tratamento de dados pessoais realizadas por agentes de pequeno porte (ATPP)" (ANPD, 2022b). Os que se enquadram na categoria de ATTPs no atual rol são: microempresas,

empresas de pequeno porte, *startups*, pessoas jurídicas de direito privado, inclusive sem fins lucrativos, nos termos da legislação vigente, pessoas naturais e entes privados despersonalizados. Consideram, ainda, a natureza jurídica, a receita bruta e o risco de tratamento, ou seja, empresas que não realizam tratamento de dados pessoais de alto risco.

Quatro dias depois, em 08 de novembro, a Autoridade divulgou suas ações regulatórias prioritárias na Agenda Regulatória para o biênio 2023-2024. De acordo com os princípios administrativos, visa-se conferir maior publicidade, previsibilidade, transparência e eficiência ao processo regulatório, possibilitando seu acompanhamento pela sociedade e trazendo maior segurança jurídica na relação com os agentes regulados. Foram elencadas vinte ações por ordem de prioridade. A primeira é relativa ao Regulamento de dosimetria e aplicação de sanções administrativas. A segunda é sobre os Direitos dos titulares de dados pessoais e a terceira, sobre Comunicação de incidentes e especificação do prazo de notificação. Inteligência artificial é apenas a 19ª prioridade da ANPD, ganhando em relevância apenas do Termo de ajustamento de conduta – TAC (ANPD, 2022c).

Outra ponderação a se fazer é a falta de conexão direta entre políticas públicas e setoriais. Tal característica acaba criando enormes dificuldades para se perpetuar objetivos maiores do Estado para além dos ciclos eleitorais.

Diante disso e das colocações a respeito da Agenda da Autoridade, é importante abordar a importância da ANPD como guardiã dos direitos e garantias individuais, aqui com foco na isonomia, em razão da escolha do legislador de destacar a proteção de dados classificados como sensíveis. São chamados assim pois se tratam de "uma espécie de dados pessoais que compreendem uma tipologia diferente em razão de seu conteúdo oferecer uma especial vulnerabilidade: discriminação" (BIONI, 2019, p. 133). Um estudo realizado na Universidade de Cambridge exemplifica que:

> as 'curtidas' em uma rede social podem criar um retrato fiel dos gostos e preferências dos usuários por meio do qual poderiam ser extraídos diversos tipos de inferências. A pesquisa identificou com exatidão a porcentagem dos usuários homossexuais e heterossexuais, os usuários brancos e negros e, por fim, quais teriam uma ligação partidária republicana ou democrata. O

> mesmo pode suceder com outros 'registros digitais', tais como o histórico de navegação, os termos de pesquisa ou mesmo as compras realizadas por um consumidor. Todos esses dados têm o potencial de revelar muitos atributos da personalidade de um indivíduo, dentre os quais informações sensíveis a seu respeito. Por tal razão, a proteção dos dados pessoais perpassa a própria tutela do princípio da isonomia, na medida em que é um instrumento de contenção às práticas discriminatórias. (BIONI, 2019, p. 133)

Ou seja, a ANPD é o órgão central da Lei de Proteção de Dados no Brasil e manter-se em um papel coadjuvante é desalentador e, talvez, contraproducente. Afinal, mercado e iniciativa privada podem sofrer as consequências dos ruídos que produções legislativa e regulatória não harmônicas podem causar.

Conclusões

Em que pese todas as suas peculiaridades e a bem conhecida desigualdade social, o Brasil é a 10ª economia do mundo com uma população de 220 milhões de pessoas. A junção desses dois fatores o torna um país interessante para que desde as *big tech*, passando pelas grandes empresas nacionais e até mesmo os pequenos negócios queiram explorar esse mercado. Faz parte da dinâmica do mercado seduzir o público consumidor com muitas facilidades que vão desde a obtenção de um crédito sem sair de casa, fornecendo alguns dados e fazendo alguns cliques, a aquisição de produtos de acordo com suas preferências ou mesmo resolver problemas enfadonhos por aplicativos que prometem celeridade e segurança.

Ocorre que para obter todas essas facilidades, o público fornece dados que são inseridos em modelos matemáticos para aplicações de inteligência artificial, modelos cujo conjunto de valores e de valoração o público não conhece e que as grandes empresas se negam a divulgar sob o argumento de segredo, modelos que por se manterem fechados não permitem que os teoricamente beneficiários saibam se o uso de seus dados extrapolam a finalidade inicial e, se eventualmente contém vieses de análise que mantém, geram ou exponenciam práticas discriminatórias.

Esse delicado balanceamento cabe ao Estado brasileiro que tem sido tímido em suas iniciativas não só conhecer o atual contexto das aplicações de inteligência artificial como também conhecer seus potenciais malefícios, sob o frágil argumento de não gerar desestímulo e a ilusão de que por si só resolverão problemas complexos como a educação de crianças, a geração de empregos e a infraestrutura de cidades.

O Brasil ainda não tem um marco regulatório para aplicações de inteligência artificial, porém parece-nos mais adequado o investimento de tempo sobre o assunto e se evitar uma lei que por ser principiológica até sobre temas sobre os quais já se pode qualificar riscos seja considerada permissiva. Portanto, pertinente e oportuna a criação da comissão de juristas por Ato do Presidente do Senado Federal para uma proposta de texto substitutivo que aglutine os projetos de lei em trâmite na Casa inclusive na qualidade de revisora.

Aguardamos não só a proposta da comissão de juristas que, provavelmente, não será o texto final, como também a atuação mais vigorosa da Autoridade Nacional de Proteção de Dados recém criada, porém, com grande responsabilidade de se fazer presente nas discussões a respeito do uso da inteligência artificial no Brasil, uma vez que a *comodity* para tal mercado são os dados da pessoa natural e o uso em modelos matemáticos desconhecidos e sem mecanismos para conhecê-los pode criar pessoas de diferentes categorias sem que contem com a proteção do Estado.

Referências

ANPD torna-se autarquia de natureza especial. **Serviços e Informações do Brasil.** 2022a. Disponível em: https://www.gov.br/anpd/pt-br/assuntos/noticias/anpd-torna-se-autarquia-de-natureza-especial

ANPD abre tomada de subsídios de registro simplificado das operações de tratamento de dados pessoais. **Serviços e Informações do Brasil.** 2022b. Disponível em: https://www.gov.br/anpd/pt-br/assuntos/noticias/anpd-abre-tomada-de-subsidios-sobre-tratamento-de-dados-pessoais-por-agentes-de-pequeno-porte

ANPD publica Agenda Regulatória 2023-2024. **Serviços e Informações do Brasil.** 2022c. Disponível em: https://www.gov.br/anpd/pt-br/assuntos/noticias/anpd-publica-agenda-regulatoria-2023-2024#:~:text=Seu%20objetivo%20%C3%A9%20conferir%20maior,rela%C3%A7%C3%A3o%20com%20os%20agentes%20regulados

BARRETO JUNIOR, Irineu Francisco; VENTURI JUNIOR, Gustavo. Inteligência Artificial e seus efeitos na Sociedade da Informação. IN: LISBOA, Roberto

Senise (coord.). **O Direito na Sociedade da Informação IV: movimentos sociais, tecnologia e atuação do Estado**. São Paulo: Almedina, 2020.

BIONI, Bruno Ricardo. **Proteção de Dados Pessoais**: a função e os limites do consentimento. São Paulo: Editora Forense, 2019.

BLUM, Renato Opice; LÓPEZ, Nuria. Os desafios da regulamentação da inteligência artificial. **Revista de Direito e as Novas Tecnologias**, São Paulo, vol. 9, out./dez. 2020. Versão digital.

BRAGA, Rodrigo Bernardes. **Fundamentos da Regulação**. São Paulo: Editora Singular, 2021.

BRASIL. **Decreto-lei nº 200**, de 25 de fevereiro de 1967. Dispõe sobre a organização da Administração Federal, estabelece diretrizes para a Reforma Administrativa e dá outras providências. Disponível em: https://www.planalto.gov.br/ccivil_03/decreto-lei/del0200.htm

BRASIL. **Lei 13.709**, de 14 de agosto de 2018. Lei Geral de Proteção de Dados Pessoais. Disponível em: https://www.planalto.gov.br/ccivil_03/_ato2015-2018/2018/lei/l13709.htm

BRASIL. **Lei 13.853**, de 08 de julho de 2019. Altera a Lei nº 13.709, de 14 de agosto de 2018, para dispor sobre a proteção de dados pessoais e para criar a Autoridade Nacional de Proteção de Dados; e dá outras providências. Disponível em: https://www.planalto.gov.br/ccivil_03/_Ato2019-2022/2019/Lei/L13853.htm

BRASIL. Senado Federal. **Projeto de Lei nº 5051/2019b**. Estabelece os princípios para o uso da Inteligência Artificial no Brasil. Disponível em: https://www25.senado.leg.br/web/atividade/materias/-/materia/138790

BRASIL. Senado Federal. **Projeto de Lei nº 5691/2019c**. Institui a Política Nacional de Inteligência Artificial. Disponível em: https://www25.senado.leg.br/web/atividade/materias/-/materia/139586

BRASIL. Câmara dos Deputados. **Projeto de Lei 21/2020a**. Estabelece fundamentos, princípios e diretrizes para o desenvolvimento e a aplicação da inteligência artificial no Brasil; e dá outras providências. Disponível em: https://www.camara.leg.br/propostas-legislativas/2236340

BRASIL. **Decreto 10.474**, de 26 de agosto de 2020b. Aprova a Estrutura Regimental e o Quadro Demonstrativo dos Cargos em Comissão e das Funções de Confiança da Autoridade Nacional de Proteção de Dados e remaneja e transforma cargos em comissão e funções de confiança. Disponível em: https://www.planalto.gov.br/ccivil_03/_ato2019-2022/2020/decreto/D10474.htm

BRASIL. Câmara dos Deputados. **Projeto de Lei 4513/2020c**. Institui a Política Nacional de Educação Digital; altera as Leis nºs 9.394, de 20 de dezembro de 1996 (Lei de Diretrizes e Bases da Educação Nacional), 9.448, de 14 de março de 1997, 10.260, de 12 de julho de 2001, e 10.753, de 30 de outubro de 2003; e dá outras providências. Disponível em: https://www.camara.leg.br/proposicoesWeb/fichadetramitacao?idProposicao=2262422

BRASIL. Senado Federal. **Projeto de Lei nº 872/2021a.** Dispõe sobre o uso da Inteligência Artificial. Disponível em: https://www25.senado.leg.br/web/atividade/materias/-/materia/147434

BRASIL. Câmara dos Deputados. **Parecer de plenário pelas comissões de ciência e tecnologia, comunicação e informática, trabalho, de administração e serviço público e constituição e justiça e de cidadania ao Projeto de Lei nº 21/2020**, 01 de setembro de 2021b. Disponível em: https://www.camara.leg.br/propostas-legislativas/2236340

BRASIL. Senado Federal. **Ato do Presidente do Senado Federal nº 4/2022a**. Institui Comissão de Juristas responsável por subsidiar a elaboração de minuta de substitutivo para instruir a apreciação dos Projetos de Lei nºs 5.051, de 2019, 21, de 2020, e 872, de 2021, que têm como objetivo estabelecer princípios, regras, diretrizes e fundamentos para regular o desenvolvimento e a aplicação da inteligência artificial no Brasil. Disponível em: https://www25.senado.leg.br/web/atividade/materias/-/materia/152136

BRASIL. Senado Federal. **Projeto de Lei nº 745**, de 2022b. Altera a Lei nº 13.812, de 16 de março de 2019, que institui a Política Nacional de Busca de Pessoas Desaparecidas, cria o Cadastro Nacional de Pessoas Desaparecidas e altera a Lei nº 8.069, de 13 de julho de 1990 (Estatuto da Criança e do Adolescente), para dispor sobre o uso de aplicações de reconhecimento facial. Disponível em: https://www25.senado.leg.br/web/atividade/materias/-/materia/152486

BRASIL. **Lei 14.460**, de 25 de outubro de 2022c. Transforma a Autoridade Nacional de Proteção de Dados (ANPD) em autarquia de natureza especial e transforma cargos comissionados; altera as Leis nºs 13.709, de 14 de agosto de 2018 (Lei Geral de Proteção de Dados Pessoais), e 13.844, de 18 de junho de 2019; e revoga dispositivos da Lei nº 13.853, de 8 de julho de 2019. Disponível em: https://www2.camara.leg.br/legin/fed/lei/2022/lei-14460-25-outubro-2022-793355-publicacaooriginal-166348-pl.html

BURRELL, Jenna. How the machine 'thinks': understanding opacity in machine learning algorithms. **Big Data & Society**, v. 3, n. 1, p. 1-12, 2016. Disponível em:

https://journals.sagepub.com/doi/full/10.1177/2053951715622512. Acesso em: 20 nov. 2022.

CHUNG, Heewon; PARK, Chul; KANG Wu Seong; LEE, Jinseok. Gender Bias in Artificial Intelligence: Severity Prediction at an Early Stage of COVID-19. **Frontiers in Physiology**, vol.12,2021. Disponível em:https://www.frontiersin.org/articles/10.3389/fphys.2021.778720/full. Acesso em: 23 nov. 2022.

DAVIS, Ande. A Preponderance of Bias: Why Artificial Intelligence Should Be Qualified Immunity's Fatal Flaw. **Washburn Law Journal**, Kansas, vol. 61, n. 3, p. 565-609, 2022. Disponível em: https://contentdm.washburnlaw.edu/digital/collection/wlj/id/7520/rec/71. Acesso em 10 nov. 2022.

ENGELMANN, Wilson; SOUZA, Maique Barbosa de. A nova linguagem global: fluência algorítmica como instrumento capaz de proporcionar confiança nos sistemas de inteligência artificial. **Revista de Direito e as Novas Tecnologias**, São Paulo, vol. 13, out./dez. 2021. Versão digital.

GHILI, Soheil. Can bias be elimated from algotithms? **World Economic Forum**, 2021. Disponível em: https://www.weforum.org/agenda/2022/08/erasing-algorithmic-bias-in-emerging-technologies-3-considerations/. Acesso em: 20 nov 2022.

KAHNEMAN, Daniel; Sibony, OLIVIER; Sunstein; CASS R.. **Ruído**. São Paulo: Objetiva, 2021.

KAUFMAN, Dora. Desmistificando a inteligência artificial (pp. 30-31). Autêntica Editora. Edição do Kindle.

LEAVY, Susan. Gender Bias in Artificial Intelligence: The Need for Diversity and Gender Theory in Machine Learning, **2018 IEEE/ACM 1st International Workshop on Gender Equality in Software Engineering (GE)**, Suécia, 2018, pp. 14-16. Disponível em: https://ieeexplore.ieee.org/document/8452744. Acesso em: 18 nov. 2022.

MARANHÃO, Juliano Souza de albuquerque; FLORÊNCIO, Juliana Abrusio; ALMADA, Marco. Inteligência artificial aplicada ao direito e o direito da inteligência artificial. **Suprema – Revista de Estudos Constitucionais**, Brasília, vol. 1, n. 1, p. 154-180, jan./jun. 2021.

MARTINEZ, Emmanuel; KIRCHNER, Lauren. The Secret Bias Hidden in Mortgage-Approval Algorithms, **The Markup**, 2021. Disponível em: https://themarkup.org/denied/2021/08/25/the-secret-bias-hidden-in-mortgage-approval-algorithms. Acesso em: 11 nov. 2022.

MENDES, Laura Schertel; MATTIUZO, Marcela. Discriminação algorítimica: conceito, fundamento legal e tipologia. **Direito Público,** [S. l.], v. 16, n. 90, 2019. Disponível em: https://www.portaldeperiodicos.idp.edu.br/direitopublico/article/view/3766. Acesso em: 05 nov. 2022.

MOREIRA, Adilson José. **Tratado de Direito Antidiscriminatório**. São Paulo: Editora Contracorrente, 2020.

OBERMEYER, Ziad; POWERS, Brian; VOGELI, Christine; MULAINATHAN, Sendhil. Dissecting racial bias in an algorithm used to manage the health of populations, **Science**, vol. 366, n. 6464, pp. 447-453, 2019. Disponível em: https://www.science.org/doi/10.1126/science.aax2342. Acesso em: 29 set. 2022.

OCDE. **OCDE.AI Policy Observatory**. 2022. Disponível em: https://www.oecd.org/digital/artificial-intelligence/

OECD. **OECD – better policies for better lives**. [s.d.]. Homepage da entidade. Disponível em: https://www.oecd.org/about/

OSOBA, Osonde; WELSER IV, William. **An intelligence in our image: the risks of bias and erros in artificial intelligence**. RAND Corporation: California, 2017.

SILVA, José Afonso da. A dignidade da pessoa humana como valor supremo da democracia. **Revista de direito administrativo**, n. abr./ju 1998, p. 89-94, 1998.

SILVEIRA, Sérgio Amadeu da; SOUZA, Joyce; CASSINO, João Francisco. **Colonialismo de dados:** como opera a trincheira algorítmica na guerra neoliberal. São Paulo: Autonomia Literária, 2021.

SIQUEIRA, Dirceu Pereira; LARA, Fernanda Corrêa Pavesi. Quarta revolução industrial, inteligência artificial e a proteção do homem no Direito brasileiro. **Revista Meritum**, Belo Horizonte, vol. 15, n. 4, p. 300-311, 2020.

2.
A INTELIGÊNCIA ARTIFICIAL E SUAS CONTRIBUIÇÕES PARA SEGURANÇA PÚBLICA NOS AEROPORTOS

Felipe Faé Lavareda de Souza
Fernanda de Alcântara Pires Ribeiro

1. Introdução:

As soluções tecnológicas, sobretudo a Inteligência Artificial (IA), que se descreve como a simulação de processos de inteligência humana por máquinas tem sido fortemente impulsionada no cotidiano da sociedade atual. As aplicações específicas de IA abrange processamento de sistemas específicos linguagem natural, reconhecimento de fala, além de todos os bancos de dados existentes.

Como veremos a Inteligência Artificial é utilizada em diversas áreas como, saúde, educação, comércio, finanças, redes sociais e segurança pública. Serão expostos a seguir as principais funcionalidades, conceitos, áreas de aplicações, legislação aplicada e projeto de lei sobre a Inteligência artificial, o mecanismo de reconhecimento facial por meio da inteligência artificial, que proporciona como técnica de segurança utilizada em aeroportos pela maioria dos países.

Com o lançamento do novo passaporte novas tecnologias foram desenvolvidas, e dentre elas está a capacidade de reconhecimento facial, uma vez que esse mecanismo de segurança na qual delimita características físicas e faz a comparação com banco de dados existentes.

Para fazer frente a tais ponderações, será estudado afundo o reconhecimento facial por meio de Inteligência Artificial, onde vai trazer a diferença entre detecção facial e o reconhecimento facial, além de tratar sobre a questão dos riscos em que a IA pode causar para o direito à privacidade e de ocasionar discriminação social. Por fim será pautado sobre a segurança aeroportuária e a facilidade que IA lhe proporciona, desde o controle de tráfego aéreo até as atividades desempenhadas por controladores e pilotos, sem deixar de mencionar sobre o reconhecimento de passageiros.

2. Inteligência artificial – conceito e aplicações:

A inteligência artificial é a simulação de processos de inteligência humana por máquinas, especialmente sistemas computacionais. Aplicações específicas de IA incluem processamento de linguagem natural, sistemas especialista visão de máquina, reconhecimento de fala. (RUSSELL, SJ; NORVIG,2010).

À medida que os comentários em torno da IA aumentava, os fornecedores lutavam para promover a divulgação de seus produtos e serviços que utilizam a IA. Muitas vezes, o que eles chamam de IA é simplesmente um componente da IA, como o aprendizado de máquina . A IA requer uma base de hardware e software especializados para escrever e treinar algoritmos de aprendizado de máquina. Nenhuma linguagem de programação é sinônimo de IA, mas algumas, incluindo Python, R e Java, são populares (SICHMAN et al., 2016).

Em geral, os sistemas de IA funcionam ingerindo grandes quantidades de dados de treinamento rotulados, analisando os dados em busca de correlações e padrões, usando esses padrões para fazer previsões sobre estados futuros. Dessa forma, um *chatbot* alimentado com exemplos de bate-papos de texto pode aprender a produzir trocas realistas com as pessoas, ou uma ferramenta de reconhecimento de imagem pode aprender a identificar e descrever objetos em imagens analisando milhões de exemplos (DIGNUM,2019).

De acordo com Sichman et al., (2016) a programação de IA concentra-se em três habilidades cognitivas: aprendizado, raciocínio e autocorreção.

Processos de aprendizagem, esse aspecto da programação de IA se concentra na aquisição de dados e na criação de regras sobre como transformar os dados em informações acionáveis. As regras, chamadas de algoritmos , fornecem aos dispositivos de computação instruções passo a passo sobre como concluir uma tarefa específica.

Processos de raciocínio, é o aspecto da programação de IA se concentra na escolha do algoritmo certo para alcançar o resultado desejado.

Processos de autocorreção, o aspecto da programação de IA é projetado para ajustar continuamente os algoritmos e garantir que eles forneçam os resultados mais precisos possíveis.

A inteligência artificial é usada de várias maneiras na sociedade atual. Está se tornando cada vez mais importante no mundo de hoje porque pode lidar eficientemente com problemas complicados em diversas áreas, incluindo saúde, entretenimento, bancos e educação. Nossas vidas diárias estão se tornando mais confortáveis e eficientes com resultado da inteligência artificial (DIETTERICH; HORVITZ, 2015).

De acordo com Bazzan et al., (2012), suas aplicações englobam:

Assistência Médica: Muitas empresas e instituições de assistência médica estão recorrendo à inteligência artificial (IA) para salvar nossas vidas. Existem inúmeros exemplos de como a inteligência artificial na área da saúde beneficiou pacientes em todo o mundo. Vamos entender alguns dos usos da IA em subdomínios da Saúde.

Comércio eletrônico: A IA está dando ao setor de comércio eletrônico uma vantagem competitiva e está se tornando cada vez mais exigida no mercado. Os compradores podem usar IA para encontrar produtos relacionados em seu tamanho, cor ou marca preferidos. Vamos entender algumas aplicações da IA no E-commerce.

Robótica: Mesmo antes de a IA se tornar realidade, o campo dos robôs estava progredindo. Atualmente, a inteligência artificial está auxiliando a robótica no desenvolvimento de robôs mais eficientes. Os robôs habilitados para IA encontraram uso em uma variedade de setores e indústrias, particularmente nas indústrias de manufatura e embalagem. A Inteligência Artificial, ou IA, fornece aos robôs uma visão computacional que lhes permite navegar, sentir e reagir adequadamente.

Finanças: A inteligência artificial está mudando a forma como lidamos com o dinheiro nas finanças. De decisões de crédito a negociações quantitativas e gerenciamento de riscos financeiros, a AI está auxiliando o setor financeiro na simplificação e otimização de procedimentos. A Inteligência Artificial fornece recursos como avaliação de risco, detecção e gerenciamento de fraudes, serviços de consultoria financeira, negociação automatizada em finanças.

Reconhecimento facial: O reconhecimento facial, por exemplo, é uma aplicação de IA que se concentra em aprender e reconhecer padrões que levam a resultados rápidos e eficientes. O Reconhecimento Facial é um tipo de tecnologia que mapeia e armazena os traços faciais de um indivíduo como uma impressão facial. Para validar a identificação de alguém, o software compara uma imagem tirada ao vivo com uma impressão facial armazenada usando técnicas de aprendizado profundo.

Os pilares dessa tecnologia são o processamento de imagens e o aprendizado de máquina. O reconhecimento facial atraiu muito interesse dos pesquisadores por causa das ações humanas que podem ser encontradas em vários aplicativos de segurança, incluindo aeroportos, detecção criminal, rastreamento facial, perícia e assim por diante. A biometria facial pode ser menos intrusiva do que outras qualidades biométricas, como impressão palmar, íris, impressão digital e assim por diante.

Marketing: Aplicações de inteligência artificial (IA) também são amplamente utilizadas no marketing de comércio eletrônico. O marketing de inteligência artificial (IA) toma decisões automatizadas com base na coleta de dados, análise e observações adicionais do público ou padrões econômicos que podem influenciar os esforços de marketing. A IA é frequentemente utilizada em campanhas de marketing em que a velocidade é crítica. Os sistemas de IA aprendem como interagir efetivamente com os clientes com base em dados e perfis de clientes e, em seguida, fornecem mensagens personalizadas no momento perfeito, sem a necessidade de intervenção da equipe de marketing, garantindo a produtividade ideal.

Com o uso de análise comportamental, reconhecimento de padrões e outras ferramentas de IA, os profissionais de marketing podem oferecer anúncios altamente direcionados e personalizados. Também ajuda a redirecionar os espectadores no momento apropriado, garantindo melhores resultados e reduzindo as emoções de desconfiança e frustração.

O Gmail e o Google Docs empregam AI no Smart Compose para ler o que você está digitando, compreendê-lo e sugerir o que digitar a seguir, como um exemplo de aplicação de AI em marketing.

A IA pode coletar e rastrear dados táticos em tempo real, permitindo que os profissionais de marketing tomem decisões agora, em vez de esperar até que a campanha termine. Eles podem decidir o que fazer a seguir com base em relatórios baseados em dados, resultando em decisões melhores e mais objetivas.

Mídias sociais: As empresas de redes sociais usam inteligência artificial para analisar grandes quantidades de dados para determinar o que é tendência, diferentes hashtags e padrões. Esta pesquisa auxilia na compreensão do comportamento do usuário.

A inteligência artificial pode monitorar comentários não estruturados do usuário usando uma variedade de técnicas para fornecer uma experiência personalizada e detectar crises. A tecnologia também pode ajudar na criação de conteúdo, avaliando várias atividades e dados demográficos.

Pode-se ver como alguns sites ou aplicativos populares de mídia social usam Inteligência Artificial:

Instagram: No Instagram, a IA leva em consideração seus interesses e as contas que você segue para selecionar quais postagens aparecem na guia explorar. Facebook(meta): A Inteligência Artificial está sendo empregada, assim como uma técnica conhecida como DeepText. O Facebook pode interpretar melhor as discussões usando essa tecnologia. Pode ser usado para traduzir postagens automaticamente entre idiomas.

Twitter: o Twitter usa IA para detecção de fraude, remoção de propaganda e remoção de conteúdo odioso. O Twitter também usa IA para sugerir tweets aos usuários, dependendo dos tipos de tweets com os quais eles se envolvem.

3. Constitucionalidade da inteligência artificial

A IA é desenvolvida como um complemento para a economia digital da Internet, que pode dominar um dia. Não há dúvida de que é preciso diferenciar entre a Internet como tal, sendo uma estrutura técnica para conectar pessoas e informações, e o que está acontecendo na Internet, assim como é preciso diferenciar entre o potencial teórico da IA para o bem e o contexto e propósitos para qual é realmente desenvolvido por aqueles que controlam em grande parte o seu desenvolvimento. Seria ingênuo ignorar que para a maioria em nossas sociedades hoje, a realidade de como eles usam a Internet e o que a Internet lhes oferece é moldada por algumas megacorporações, pois seria ingênuo ignorar que o desenvolvimento da IA é dominada exatamente por essas megacorporações e seus ecossistemas dependentes.

Com efeito, a força normativa dos princípios constitucionais é cada vez mais invocada para determinar a proteção dos direitos fundamentais diante de casos cada vez mais inusitados e específicos (MULHOLLAND; FRAZÃO, 2019). Nesse sentido, Luís Roberto Barroso defende que, "com a constitucionalização do direito civil, a velha ideia da autonomia da vontade passa a dominar no âmbito das relações privadas" (BARROSO, 2009, p. 102).

As constituições irradiam poder normativo de uma forma que é tanto formal quanto materialista. Assim, passada a fase de governação contratual, são introduzidas fortes normas de ordem pública para afastar em alguns casos a autonomia da vontade, o direito civil existente já reconhece que a dignidade da pessoa humana deve impor limites à eficácia direta e imediata dos direitos fundamentais. (BARROSO, 2009, p. 105).

Dessa forma, o pressuposto teórico do direito civil sobre a legitimidade constitucional não é suficiente para apenas reconhecer que os princípios constitucionais possuem valor normativo, e que possuem posição suprema na ordem. Tudo bem que o sistema jurídico seja influenciado por várias fontes, mas é importante garantir que todas as fontes sejam lidas e interpretadas à luz da Constituição (e não o contrário).

O Projeto de Lei 21/20 cria o quadro legal para o desenvolvimento e utilização de inteligência artificial (IA) por entidades públicas, empresas, entidades diversas e particulares. O texto em discussão na Câmara dos Deputados estabelece os princípios, direitos, obrigações e ferramentas de governança para IA.

Entre outras coisas, a proposta estipula que o uso da inteligência artificial será baseado no respeito aos direitos humanos e valores democráticos, igualdade, não discriminação, pluralismo, iniciativa liberal e privacidade de dados. Além disso, o princípio da inteligência artificial é garantir a transparência de seu uso e operação (PEIXOTO, 2019).

O autor do projeto, deputado Eduardo Bismarck (PDT-CE), disse que o objetivo é legislar para o estado, incentivando a IA e protegendo os cidadãos de seu abuso. "Precisamos de uma nova versão da legislação que faça valer os princípios estabelecidos em nível internacional e regule direitos e obrigações", afirmou, Lee (2019).

Agentes de IA: O texto dado por Bismarck é muito detalhado. Ele prevê a imagem de agentes de IA, sejam aqueles que desenvolvem e implantam um sistema de IA (agentes de desenvolvimento) ou aqueles que o operam (agentes de operações). Os agentes de IA terão uma série de responsabilidades, como assumir a responsabilidade legal pelas decisões tomadas pelos sistemas de IA e garantir que os dados utilizados estejam em conformidade com a Lei Geral de Proteção de Dados (LGPD). Esta especificação regula o tratamento de dados pessoais de clientes e utilizadores de empresas do setor público e privado. (PEIXOTO, 2019).

A proposta também estabelece os direitos dos agentes de IA e de todos os afetados por sistemas de IA (referidos no projeto como "stakeholders"). Entre outras coisas, o acesso às formas como dados pessoais sensíveis, como dados genéticos, é usado pelo sistema de acesso.

Relatório: Outra inovação do projeto é a criação do relatório de impacto da IA, um documento escrito por um agente de IA descrevendo a tecnologia, incluindo gerenciamento de riscos e medidas de contenção. Os governos podem exigir a publicação de relatórios e os governos podem recomendar padrões e técnicas aprimoradas (MULHOLLAND, 2019).

O texto a ser apreciado também prevê que o poder público: incentive a adoção de inteligência artificial nos serviços públicos, preferencialmente de forma aberta e gratuita; apoie a pesquisa na região; capacite trabalhadores para se adaptarem às novas realidades tecnológicas; e estabeleça governança mecanismos.

Procedimentos: A proposta será submetida à análise final das Comissões de Ciência e Tecnologia, Comunicação e Informática, Trabalho, Administração e Serviços Públicos, Direito Constitucional e Justiça e Cidadania (LEE, 2019).

Abismos legislativos são descobertos quando questões de produção e uso de IA. À primeira vista, tem a Lei 9.279/1996 (Lei de Propriedade Industrial), Lei 9.610/1998 (Lei de Direitos Autorais), Lei 9.609/1998 (Lei de Programas de Computador), Decreto 2.556/98 (Proteção e Comercialização de Programas de Computador) e Lei 13.709/ 2018 (Lei de Proteção de Dados Pessoais). Em suma, a Lei 9.279/1996, no art. 10 que faz referência a "programas de computador que não são passíveis de registro porque não se qualificam como invenções ou modelos de utilidade (PORTO, 2019).

Já a Lei 9.610/98 estabelece o direito de propriedade autoral sobre programas de computador em seu art. 7°, e remete à lei específica (que é a Lei 9.609/1998), a qual define em seu art. 11 que a figura do autor que pode ser pessoa física ou jurídica e indica os direitos exclusivos sobre a autoria do programa. Seguindo análise, a Lei específica, 9.609/1998, define em seu artigo 1º o que significa "Programa de Computador". (MULHOLLAND, 2019).

Embora pareça positivo que a definição adotada pela legislação seja ampla – ela se aplica a conceitos como "uma instrução definida em uma linguagem natural ou codificada" e "contida em suporte material de qualquer natureza" – isso abrangeria alguns dos mais atuais, um sistema avançado de IA diz que a legislação é exclusiva em termos de propriedade intelectual (LEE, 2019).

Seus tópicos tratam principalmente de registro e proteção de direitos autorais, penalidades por violação desses direitos, algumas garantias para usuários de programas e contratos de licença, uso, comercialização e transferência de tecnologia.

O Decreto-Lei n.º 2556/98 trata da proteção e comercialização de programas de computador, com especial atenção para o registo no Instituto Nacional da Propriedade Industrial, dependente do Ministério da Economia. Outros instrumentos normativos são resoluções e portarias normativas, ambos tratando de procedimentos de registro. Por fim, a Lei 13.709/2018 refere-se ao tratamento de dados pessoais, inclusive em meio digital, por pessoas físicas ou jurídicas de direito público e privado, classificando "dados como dados pessoais", "dados pessoais sensíveis" e "dados anônimos". (PEIXOTO, 2019).

Sua definição é dada pelo art. 5º, seu principal objetivo é resguardar os direitos fundamentais consagrados no artigo 5º da Constituição Federal de 1988. No entanto, quando se referiu à lista de agentes que podem ter sido responsáveis pela violação de dados, não mencionou a situação hipotética de o incidente ter sido causado por inteligência artificial, o que é consistente com o facto de o sol voltar a nascer amanhã. Após as verificações acima, e tendo em vista que não existe um uso padrão do termo "inteligência artificial" no Brasil até o momento, verifica-se que a legislação brasileira sobre "programas de computador" em que a inteligência artificial pode ser classificada direitos, seja pessoa física ou jurídica, e a forma como a propriedade é registrada para produzir seus efeitos jurídicos, incluindo direitos em relação a terceiros que violem direitos de propriedade intelectual (MULHOLLAND, 2019).

Embora a IA seja amplamente utilizada no dia a dia para realizar as mais diversas atividades, inclusive em outros níveis implicando na capacidade de autoaprendizagem, as máquinas podem aprender e executar sem programação específica prévia tarefas, no segundo caso, a partir da atuação de redes neurais que simulam o funcionamento do cérebro humano, pode decorrer a ausência de legislação que apoie tal uso (FERREIRA, 2020).

Outro viés relacionado é que desenvolvedores de IA altamente sofisticados que investem centenas de bilhões de dólares manterão os códigos-fonte dessas tecnologias em segredo, porque na maioria das vezes são segredos industriais que as empresas não têm interesse em divulgar e popularizar, de modo que o estado não pode controlar o algoritmo e o uso dessa tecnologia, concentrados e concentrados nas mãos de grandes corporações multinacionais (PEIXOTO, 2019).

Sob os mecanismos supracitados, o artigo 75 da Constituição de 1988, que trata da proteção dos trabalhadores contra a automação, visa proteger o mercado de trabalho e a saúde e segurança dos trabalhadores frente às novas tecnologias. Embora ainda não exista lei consagrando o mandato constitucional, não se trata de norma programática de eficácia limitada, pois todas as normas que estabelecem direitos fundamentais devem ser aplicadas de imediato, independentemente da posterior atitude do legislador. (FERREIRA, 2020).

Portanto, para salvaguardar esse direito fundamental, é necessário tomar medidas para evitar qualquer impacto social negativo da automação nos trabalhadores. Na verdade, até recentemente, um grande problema a esse respeito era a "corrida para o fundo" contra as normas trabalhistas, na qual grandes corporações transferiam a produção para países com poucas proteções aos empregadores. Atualmente, surgem dúvidas sobre a possibilidade de a automação deslocar vários empregos, criando uma corrida desesperada pelos poucos que restam. (PEIXOTO, 2019).

A avaliação parlamentar do impacto da IA, ao nível da formulação de políticas e legislação, a fim de verificar se os interesses essenciais são atingidos pela tecnologia em questão e, portanto, que legislação implementar para garantir o interesse público nesse contexto. Idealmente, essa avaliação de impacto deve ocorrer antes da implantação de tecnologias de alto risco. As decisões sobre as consequências a retirar das avaliações de risco realizadas por peritos estão nas mãos dos governos e legisladores e, a nível da UE, nas mãos da Comissão, do Conselho e do Parlamento enquanto colegisladores (LEE, 2019).

4. Reconhecimento facial por meio de inteligência artificial:

A busca por algo que simule o raciocínio humano é milenar. A inteligência artificial como conhecemos hoje, contudo, remonta à década de 1950, e vem sendo desenvolvida em várias áreas do conhecimento humano, inclusive para fins de segurança pública. (GOMES, 2010)

A definição de inteligência artificial não é uníssona (como já vimos), mas podemos defini-la em quatro linhas de pensamento: um sistema que pensa como o ser humano, um sistema que atua como o ser humano, um sistema que pensa racionalmente e um sistema que atua racionalmente. Na verdade, as quatro linhas de pensamento são utilizadas quando falamos do desenvolvimento de uma inteligência artificial. (GOMES, 2010)

A inteligência artificial é ramo da ciência da computação e visa com que computadores pensem e se comportem de forma inteligente. A matéria tem influência de diversos ramos do conhecimento humano, desde a filosofia, até a matemática. (GOMES, 2010)

Como consequência disso, a inteligência artificial é usada em diversos setores da ciência da computação, como no processamento de informações, na robótica, aqui incluindo próteses de membros e até veículos autônomos, processamento de linguagem natural, com o reconhecimento de voz, na área de planejamento e logística, e, é claro, em sistemas visuais, aqui usados na identificação de impressões digitais, íris e de rostos. (GOMES, 2010)

Uma das tecnológicas desenvolvidas no guarda-chuva da inteligência artificial foi o reconhecimento facial.

RODRIGO ALBERNAZ BEZERRA, em sua dissertação de mestrado, traz a conceituação (ampla) de um sistema de reconhecimento facial (BEZERRA, 2012):

> Sistemas de reconhecimento facial registram características distintivas da face para desempenhar sua função. Há vários métodos disponíveis desenvolvidos para serem utilizados nesses sistemas, no entanto, todos envolvem o uso de medidas de características do rosto de um indivíduo.
>
> ...
>
> Para qualquer sistema biométrico poder operar, ele deve ter registros em um banco de dados, que serão comparados com aqueles informados como entrada do sistema.

Cabe aqui uma breve distinção no sentido de que detecção facial não é o mesmo que reconhecimento facial. Aquela é tecnologia menos avançada, capaz apenas de detectar a existência de um rosto, enquanto que esta é capaz de identificar o dono desse rosto, diferenciando-o dos demais. (REIS, 2022, p. 41-44)

O reconhecimento facial é composto pelos processos de obtenção da imagem, extração e armazenamento das características da face do indivíduo, e, por fim, o processo de comparação até o encontro do semelhante no banco de dados. (REIS, 2022, p. 41-44)

Porém, não podemos esquecer que todo avanço tecnológico tem o condão de gerar alterações ou riscos à sociedade, e com a inteligência artificial não é diferente.

Nesse diapasão, devemos ficar atentos à real possibilidade de discriminação algorítmica, ou, em outras palavras, da não neutralidade do sistema que faz o reconhecimento. Tais possibilidades colocam em risco direitos fundamentais, como o direito à privacidade e a proteção de dados, bem como a dignidade da pessoa humana, todos de *status* constitucional. (REIS, 2022, p. 51-60)

Nesse ponto, é precisa dizer que a tecnologia segue seu criador, ou seja, ela não é, necessariamente, neutra e imparcial. (REIS, 2022, p. 51-60)

Nesse sentido, MARIANA REIS traz um exemplo de 2016, sobre um programa da gigante Microsoft chamado de Tay. De acordo com a autora: (REIS, 2022, p. 51-60)

> O objetivo era que Tay interagisse com seres humanos por meio da rede social Twitter, aprendendo com os interesses e comportamentos destes e tornando-se cada vez mais "inteligente" e personalizada. Incapaz de discernir os conceitos éticos de "certo" ou "errado", ou, ao menos, sem ter sido projetada para isso, o resultado foi que, em menos de 24 horas de interação social com os usuários, passou a reproduzir ideias de cunho nazista e eugenista e endossar piadas e mensagens de ódio a negros, mulheres e judeus, precisando ser imediatamente retirada do ar.

Importante salientar que esse resultado do programa Tay não foi previsto pela corporação. Dessa forma, devemos nos atentar para a discriminação algorítmica, pois trata-se de um risco real. (REIS, 2022, p. 51-60)

Fato é que agentes artificiais, coma a inteligência artificial, não possuem elementos essencialmente humanos, como moral e empatia, indispensáveis para que haja respeito a direitos da personalidade. (REIS, 2022, p. 51-60)

Esses vieses, no entanto, conforme MARIANA REIS, não nascem da subjetividade crítica e intencional da máquina, mas sim desde a construção do programa. Segundo a própria autora: (REIS, 2022, p. 51-60)

> No campo da estatística e da ciência de dados, há muito já se fala dos vieses nos modelos preditivos de aprendizado de máquina. Nessa seara, o viés (*bias*) é considerado um erro sistemático resultado do processo de amostragem, isto é, uma distorção aleatória de um estimador estatístico que muito ocorre, por exemplo, nas análises preditivas do aprendizado de máquina, que buscam entender o passado de seus dados para tentar "prever" uma resposta futura. Para que o estimador de um determinado parâmetro seja considerado não viesado, é esperado que seu valor, na média, seja igual ao valor real. Além disso, é preferível que a variância seja a mínima viável, o que nem sempre é possível. Tanto um alto viés quanto uma alta variância podem causar falhas na precisão do sistema.

Os sistemas serão tão bons quanto a quantidade e a variedade dos dados que possuem. No entanto, esses sistemas complexos acabam sendo tão inclusivos ou discriminatórios quanto os indivíduos que os desenvolvem. (REIS, 2022, p. 51-60)

E a complexidade do próprio sistema, aliado à falta de transparência própria de como esses programas são desenvolvidos impedem a expansão dos aspectos sociais da tecnologia dos debates raciais na sociedade. (REIS, 2022, p. 51-60)

Portanto, apesar das benesses trazidas pelo avanço tecnológico, em especial pela inteligência artificial, não podemos nos desgrudar da proteção de direitos fundamentais dos cidadãos.

O uso da inteligência artificial diretamente pelo próprio Poder Judiciário também vem gerando embates com direitos fundamentais.

É inegável que o Poder Judiciário também tem se beneficiado com a inteligência artificial, e continuará se beneficiando do uso dessa tecnologia. Nesse ponto, a inteligência artificial tem sido um grande aliado no "desafogar", ou seja, na diminuição de casos submetidos ao Judiciário, ou na agilização da solução desses casos.

Assim, é salutar o uso por parte do Poder Judiciário de tecnologias que auxiliem na organização e escoamento das incontáveis lides propostas, contudo, princípios bases de um Estado Democrático de Direito devem ser sempre respeitados. Por exemplo, deve ser garantida a publicidade dos atos judiciais no que tange a transparência dos algoritmos usados na formação de decisões judiciais, de forma a manter incólumes os pilares democráticos do Estado brasileiro e da Constituição da República. (ROQUE, 2021)

Nesse diapasão, o principal princípio constitucional a ser considerado quando o assunto é o uso da inteligência artificial no sistema de justiça é o da publicidade (art. 5º, inciso LX, e art. 93, inciso IX, da Constituição), uma vez que sem transparência é impossível exercer controle e responsabilização sobre o uso correto e democrático da inteligência artificial. (ROQUE, 2021)

Apenas o respeito a publicidade permitirá o respeito a outros pilares da democracia, principalmente na seara penal, como é o caso do contraditório e da ampla defesa, e porque não dizer do próprio direito de ação (acesso à justiça – art. 5º, XXXV, CF). (ROQUE, 2021)

É salutar o uso de inteligência artificial para, por exemplo, desafogar o Judiciário. Contudo, é imperativo saber como a lógica algorítmica irá se comportar frente a necessidade de análise de um embargo de declaração, por exemplo. (ROQUE, 2021)

Outro ponto é o uso de provas no processo penal frente a possível ofensa a direitos da personalidade gerado pelo uso de inteligência artificial em áreas públicas ou de segurança, como é o caso de aeroportos. (ROQUE, 2021)

O ponto é justamente saber se a tecnologia permitirá que sistemas de inteligência artificial possam considerar e apreciar todas as particularidades do caso concreto quando auxiliam, ainda que em parte, o magistrado a decidir, bem como o quanto tais instrumentos podem influenciar a decisão judicial. Em poucas palavras, o dever de motivação das decisões judiciais estaria em risco com o uso da inteligência artificial. (ROQUE, 2021)

O avanço tecnológico requer o avanço do direito e consequentemente de regulamentação. Esse desenvolvimento pode nos levar a uma prevenção de delitos, ao invés da tradicional resposta posterior ao crime. (CLARAMUNT, 2020)

Na Espanha, por exemplo, já é utilizado um sistema capaz de reconhecer denúncias falsa à polícia, e outro que auxilia nas decisões sobre decretação ou não de prisões preventivas. Na mesma linha, os EUA já se valem, desde 2004, de um sistema computacional que ajuda nas decisões sobre concessão de liberdade condicional, através de previsão de possíveis riscos de reincidência. (CLARAMUNT, 2020)

Uma análise fria nos dirá que tais tecnologias permitem a tomada de decisões mais coerentes e razoáveis, pois baseado em sistemas imparciais, mas muito se questiona sobre se realmente esses algoritmos estão respeitando os direitos fundamentais, ou se seria necessário, obrigatoriamente, o elemento humano nessas decisões. Ou seja, os algoritmos por um lado estão resolvendo problemas relativos à velocidade do Judiciário e ao excesso de casos, porém, por outro lado, os algoritmos não são capazes de reconhecer antecedentes raciais ou étnicos no caso concreto. Outro ponto diz respeito às regiões mapeadas pelos algoritmos de inteligência artificial, que poderiam causar uma punição mais severa unicamente pelo fato de o crime ter ocorrido em uma região classificada por ele como mais violenta, em outras palavras, uma classificação computadorizada de "regiões de risco" pode gerar a diminuição do encarceramento do número de indivíduos de determinada classificação, contudo também pode aumentar o número de prisões ilegais àqueles que pertencem a grupos marginalizados. (CLARAMUNT, 2020)

Assim, todas essas considerações devem ser analisadas antes de efetivamente se utilizar essas novas tecnologias no âmbito jurídico, pois a escala proporcionada por sistemas computadorizados de inteligência artificial pode, ao aumentar a velocidade com que casos são resolvidos, aumentar também o número de casos de preconceito. (CLARAMUNT, 2020)

Decisões baseadas em cálculos matemáticos trazem inúmeros vantagens em muitos setores da vida, no entanto, depender em demasia da inteligência artificial implica em aceitar a padronização excessiva, que pode se voltar contra os próprios usuários dessa inteligência artificial, gerando injustiças e negando seus direitos fundamentais. (CLARAMUNT, 2020)

Outro ponto a se considerar é o próprio direito ao recurso, previsto constitucionalmente (art. 5º, inciso LV, CF), uma vez que tornaria o âmbito processual obscuro dada a dificuldade da parte (condenada) em se insurgir contra decisões baseadas em cálculos matemáticos, cálculos esses programados não pelo Judiciário, mas por empresa privada responsável pelo desenvolvimento do programa de inteligência artificial. Ou seja, há sério risco ao direito ao devido processo legal, uma vez que não seria possível determinar, efetivamente, como o programa chegou aquela determinada conclusão, impedindo a parte de rebater os argumentos frente a uma instância superior, e, mesmo que isso fosse possível, a argumentação da decisão não seria oriunda do Judiciário, mas da empresa privada que desenvolveu o *software*, ou seja, não seria da autoridade pública a quem fora dado o poder decisório pelo Estado de Direito. (CLARAMUNT, 2020)

Portanto, a despeito das vantagens proporcionadas pela inteligência artificial, é necessário cautela em sua utilização pela justiça, sob pena de ofensa a garantias fundamentais materiais e processuais. (ROQUE, 2021)

Assim, a introdução progressiva da inteligência artificial no âmbito judicial deve se dar em respeito às garantias fundamentais, especialmente a direitos da personalidade e a garantia processual ao devido processo legal, ademais, sempre, a última palavra deverá ser dada por um órgão judicial humano. (CLARAMUNT, 2020)

Nesse diapasão o auxílio da inteligência artificial deve ser usado pelo magistrado mais ou menos como pareceres de expertos em áreas específicas do saber, como engenharia ou psicologia, e nunca vinculante à atividade jurisdicional. (CLARAMUNT, 2020)

5. Segurança aeroportuária e tecnologia:

Atualmente, os aeroportos internacionais, não apenas do Brasil, mas do mundo, possuem diversos instrumentos de segurança, dentre eles o reconhecimento facial, consequência do videomonitoramento, reconhecimento biométrico, leitura de placas de veículos, detectores de metais, controles de acesso etc. (LOHN, 2012)

A evolução da segurança de áreas sensíveis como aeroportos é algo cada vez mais presente. No Brasil, desde o lançamento do novo passaporte novas tecnologias foram desenvolvidas, e dentre elas está a capacidade de reconhecimento facial. (JACINI, 2002)

Essa tecnologia faz uma busca da imagem da face do procurado mediante consulta a um banco de dados. Esse banco de dados pode ser de procurados da justiça, nacional e internacional, como também usar imagens de pessoas comuns, não necessariamente réus criminais ou investigados. (JACINI, 2002)

O desenvolvimento da tecnologia de reconhecimento facial remonta à época dos atentados de 11 de setembro de 2001, quando aviões foram sequestrados em voo e usados como armas de destruição em massa. Foi, portanto, a esse histórico terrorista que se atribui o nascimento dessa tecnologia. (JACINI, 2002)

O software de reconhecimento facial reconhece e delimita o rosto e em seguida avalia suas características em comparação com seu banco de dados. Essas características são, por exemplo, distância entre os olhos, cumprimento do nariz, cavidade orbital, ossos da face, linha da mandíbula, queixo etc., todos eles formam uma assinatura facial, única para cada pessoa. Interessante salientar que o reconhecimento facial, a depender do *software* utilizado, funciona inclusive frente a uma fotografia, tudo visando a diminuição de crimes, por exemplo, em áreas de segurança como aeroportos, mas também em outros lugares e situações, como segurança bancária, em caixas eletrônicos, ou até para proteger suas informações pessoais em seu próprio celular, o que é muito comum atualmente. (LOHN, 2012)

Acrescenta-se que a inteligência artificial não é apenas usada na área de segurança dos aeroportos, mas em toda a operação, proporcionando melhor fluidez do sistema como um todo, desde cargas, até funcionários e passageiros, e, obviamente, controle de tráfego aéreo. (SILVA, 2021)

No que tange ao controle de tráfego aéreo, a inteligência artificial é usada para evitar problemas de congestionamento, e inclusive é usada nas aeronaves para melhorar a segurança do voo como um todo, auxiliando o trabalho dos pilotos, controladores, mecânicos e empresas aéreas. (SILVA, 2021)

Porém, além dos problemas citados no tópico anterior, também não podemos deixar de considerar o ato de obter, guardar e usar de informações pessoais, no caso a própria face do cidadão. Esse banco de dados com diversas imagens é um banco de dados pessoais, e como tais devem ser protegidos contra seu mau uso. (LOHN, 2012)

Cumpre salientar que o uso da tecnologia de reconhecimento facial é um avanço, uma vez que permite a identificação de alguém por método não invasivo, como, por exemplo, é o caso da colheita de impressões digitais, e com alto índice de confiabilidade e segurança. (NUNES, 2017)

Inclusive, a formação da base de dados para o reconhecimento facial, ou seja, a colheita do material base da medida de segurança é muito mais simples, rápido e menos burocrático que a colheita de digitais. (NUNES, 2017)

Isso sem mencionar, claro, que o reconhecimento facial é muito mais efetivo do ponto de vista da identificação rápida e ágil do que a impressão digital ou o exame de DNA. (NUNES, 2017)

No entanto, o tratamento dos dados base da tecnologia devem sim se submeter a algum tipo de controle, afinal, não deixam de ser dados pessoais.

Portanto, é inegável a utilidade e a facilitação proporcionada pela tecnologia da inteligência artificial, seja em dispositivos de reconhecimento facial usados em aeroportos ou outras áreas de segurança, seja em outros tipos de *softwares* utilizados por algum dos autores do sistema de justiça, contudo, os pilares de um Estado Democrático de direito e os direitos fundamentais não podem restar desprotegidos.

Conclusões

A inteligência artificial busca o desenvolvimento de programas que consigam imitar e se comportar como seres humanos, seja no aprendizado, no raciocínio e na autocorreção.

Essa espécie de software vem ganhando cada vez mais espaço na sociedade, em todas as áreas do saber humano, sendo utilizado tanto em setores privados, quando em áreas de atuação tipicamente públicas, como segurança.

O uso dessa nova tecnologia, por obvio, esbarra no direito, seja na seara privada, seja na seara pública, de forma que, mais do que nunca, princípios constitucionais devem ser resguardados, não apenas no ambiente constitucional interpretativo do direito, mas na elaboração das leis infraconstitucionais.

A evolução tecnológica é essencial e imparável, sua aplicação, contudo, deve se dar sem o descuido de direitos e garantias conquistados após séculos de luta.

Um Estado Democrático de Direito não pode, no intuito de se tornar mais ágil, deixar de ser democrático, seja pelo desrespeito à direitos fundamentais, seja por desconsiderações à princípios básicos do processo judicial.

Em outras palavras, o uso de tecnologias de inteligência artificial é muito bem-vindo para o aumento da segurança em áreas sensíveis como aeroportos, mas o tratamento dado aos dados pessoais coletados do público deve ocorrer sem discriminações, e, na eventualidade de um procedimento judicial contencioso ser instaurado, deve haver sempre o respeito ao princípio do devido processo legal, com os meios e recursos a ele inerentes.

Referências

BARRILAO, Juan Francisco Sánchez. **El derecho constitucional ante la era de Ultrón: la informática y la inteligencia artificial como objeto constitucional.** Disponível em: doi: 10.18543/ed-64(2)-2016pp225-258. Acessado em 14 de novembro de 2022.

BARROSO, Luís Roberto. Judicialização, ativismo judicial e legitimidade democrática. Suffragium – **Revista do Tribunal Regional Eleitoral do Ceará**, Fortaleza, v. 5, n. 8, p. 11-22, jan./dez. 2009.

BAZZAN, AL et al. **Evolução de agentes com sentimentos morais em um exercício iterado de dilema do prisioneiro.** In: Teoria dos jogos e teoria da decisão em sistemas baseados em agentes. Springer. 2012. p.43-64.

BEZERRA, Rodrigo Albernaz. **Proposta de critérios para câmeras de vigilância em aplicações de CFTV indoor para fins de identificação forense de suspeitos.** 2012 Disponível em: https://repositorio.unb.br/handle/10482/10974. Acessado em 20 de outubro de 2022.

BRASIL. **Constituição (1988). Constituição da República Federativa do Brasil. Brasília, DF: Senado Federal: Centro Gráfico, 1988.**

BRASIL. Câmara dos Deputados. **Projeto de Lei nº 21/2020**. Estabelece fundamentos, princípios e diretrizes para o desenvolvimento e a aplicação da inteligência artificial no Brasil; e dá outras providências. Brasília: Câmara dos Deputados, 2020. Disponível em: https://www.camara.leg.br/propostas-legislativas/2236340. Acessado em 11 de novembro de 2022.

BRASIL. **Decreto nº 2. 556.** De 20 de Abril de 1998. Regulamenta o registro previsto no art. 3º da Lei nº 9.609, de 19 de fevereiro de 1998, que dispõe sobre a proteção da propriedade intelectual de programa de computador, sua comercialização no País, e dá outras providências. Disponível em: https://www.planalto.gov.br/ccivil_03/decreto/d2556.htm . Acessado em 15 de novembro de 2022.

CLARAMUNT, Jorge Castellanos. **Perspectiva constitucional de las garantías de aplicación de la inteligencia artificial: la ineludible protección de los derechos fundamentales**. IUS ET SCIENTIA 2020. Vol. 6, nº 2, ISSN 2444-8478. Disponível em: https://idus.us.es/bitstream/handle/11441/111535/Ius_et_Scientia_vol_6_n2_06_castellanos_claramunt-montero_caro.pdf?sequence=1&isAllowed=y. Acessado em 14 de novembro de 2022.

DIETTERICH, TG; HORVITZ, E. Aumento da preocupação com a IA: reflexões e direcionamentos. **Comunicações da ACM**, v.58, n.10, p.38-40, 2015.

DIGNUM, V. **Inteligência Artificial Responsável** – Como Desenvolver e Usar IA de Forma Responsável. Inteligência Artificial: Fundamentos, Teoria e Algoritmos. Primavera, 2019.

FERRARI, Isabella; BECKER, Daniel. **Direito à explicação e decisões automatizadas: reflexões sobre o princípio do contraditório**. In: WOLKART, Erik Navarro; NUNES, Dierle; LUCON, Paulo Henrique dos Santos (orgs). Inteligência artificial e direito processual: os impactos da virada tecnológica no direito processual. Salvador: Juspodivm, 2020

GOMES, Dennis dos Santos. **Inteligência artificial: conceitos e aplicações.** Revista Olhar Científico – Faculdades Associadas de Ariquemes – V. 01, n.2, Ago./Dez. 2010. Disponível em: https://d1wqtxts1xzle7.cloudfront.net/48312264/49-148-1-PB-with-cover-page-v2.pdf?Expires=1668196238&Signature=PlpuKedI5jnqZu39ZiNSJ5Ggv2VlW2ALavDRpSxKXK4S5niIoiWPti9F8DsCoWJXB29NgQvub0mbD8bs3TKzhy9bAnXn~Rj5eN60jv98d5eNvUbeoC-Cfqa-zDdWGzSbrb5fwDYtL-iORueewfkE75JFqnuZjLYVC0TLRfySb0M-LX6u-1cpVZngZRm3SSt0r5Tr-YeEt5wMQAVQu8Lafvc848gGcNG8xw7GrdEaIODAu2tpci5~8pXuEq1IxAArPd0WWcyW7M2Yei99DwXeo2WCcI6o4neR8pz8u-Fr8cEeGBLQWo1ueDSG4rvFA4LChXw6A2IezDED6CFoK8WNYrpXQ__&Key-Pair-Id=APKAJLOHF5GGSLRBV4ZA. Acessado em 11 de novembro de 2022.

JACINI, Wantuir Francisco Brasil. **Terrorismo: atuação da Polícia Federal**. 2002. Disponível em: https://core.ac.uk/download/pdf/211927081.pdf. Acessado em 20 de outubro de 2022.

LEE, Kai-Fu. **Inteligência artificial**: como os robôs estão mudando o mundo, a forma como amamos, nos comunicamos e vivemos. Tradução: Marcelo Barbão. Rio de Janeiro: Globo Livros, 2019.

LOHN, Josemar Muller. **Tecnologias aplicadas à segurança pública**. Universidade do Sul de Santa Catarina. 2012. Disponível em: https://repositorio.animaeducacao.com.br/bitstream/ANIMA/21949/1/fulltext.pdf. Acessado em 20 de outubro de 2022.

MULHOLLAND, Caitlin. FRAZÃO, Ana. (Coord.). **Inteligência Artificial e Direito**: ética, regulação e responsabilidade. São Paulo: Thomson Reuters Brasil, 2019.

NUNES, Fernanda Todesco. **Técnicas de biometria baseadas em padrões faciais e sua utilização na segurança pública**. 2017. Disponível em: https://repositorio.ufsc.br/handle/123456789/180402. Acessado em 20 de outubro de 2022.

PEIXOTO, Fabiano Hartmann; SILVA, Roberta Zumblick Martins da. **Inteligência artificial e direito**. Curitiba: Alteridade editora, 2019.

PORTO, Ederson Garin. A busca pela eficiência na fiscalização da gestão pública: a utilização de inteligência artificial para aperfeiçoamento do controle das finanças públicas. In: **Revista de Direito da Empresa e dos Negócios**. V. 1, n.2, 2019, p. 4-31.

REIS, Mariana Ramos Carlos de Campos. **O uso de reconhecimento facial para fins de vigilância pública: análise do caso britânico à luz da criminologia**

crítica. 2022. Disponível em: https://bdm.unb.br/handle/10483/32036. Acessado em 20 de outubro de 2022.

ROQUE, André Vasconcelos; DOS SANTOS, Lucas Braz Rodrigues. **Inteligência artificial na tomada de decisões judiciais: três premissas básicas**. Revista Eletrônica de Direito Processual – REDP. Rio de Janeiro, ano 15, volume 22, número 1. Janeiro a Abril de 2021. Disponível em: https://www.e-publicacoes.uerj.br/index.php/redp/article/view/53537/36309. Acessado em 17 de novembro de 2022.

RUSSELL, SJ; NORVIG, P. **Inteligência Artificial** – Uma Abordagem Moderna, Terceira Edição Internacional. sl: Pearson Education, 2010.

SICHMAN, J. S. et al. É possível a máquina superar o ser humano? **Jornal da USP**, n.XXX1, 2016.

SILVA, Deivid Leite Gonçalves. **A contribuição da inteligência artificial no gerenciamento de voo**. Pontifícia Universidade Católica de Goiás Escola de Ciências Exatas da Computação Curso de Ciências Aeronáuticas. Goiânia. 2021. Disponível em: https://repositorio.pucgoias.edu.br/jspui/bitstream/123456789/2227/1/Artigo%20Final.%20Deivid%20Silva.pdf. Acessado em 11 de novembro de 2022.

3.
A INTERSECÇÃO DO DIREITO E DA INTELIGÊNCIA ARTIFICIAL NA PERSECUÇÃO DA SUSTENTABILIDADE E PRESERVAÇÃO DO MEIO AMBIENTE

Joseph Rodrigo Amorim Picazio
Sabrina Da Silva Graciano

Introdução

A importância da proteção ao meio ambiente não é assunto novo, e os impactos da degradação ambiental têm sido experimentados pela humanidade há muito tempo. No entanto, essas experiências desagradáveis parecem não ensinar nada novo aos seres humanos.

Jared Diamond, na obra denominada *Collapse*, descreve os impactos causados pela comunidade polinésia que vivia na Ilha de Páscoa, entre os séculos IX e XV, causando a destruição do ecossistema local para subsidiar a construção de enormes estátuas de pedras, e para abastecer toda a comunidade local. O autor chama o feito de "ecocídio" (SACCARO JR., 2016, p. 28).

Há algum tempo, o mundo viu mar virar deserto, espécies serem completamente extintas, chuvas ácidas, crises hídricas, aquecimento global e muitos outros exemplos terríveis, decorrentes da destruição da natureza.

O Brasil vem enfrentando um enorme desafio, no que tange à questão ambiental. Em 2015, o país viveu o desastre do rompimento da barragem de rejeitos de minério de ferro, na cidade de Mariana-MG. Mal havia se recuperado desse desastre, Minas Gerais experimentou novamente o gosto amargo de outro rompimento de barragem de rejeitos, dessa vez na cidade de Brumadinho, no ano de 2019. No mesmo ano de 2019, as praias do Nordeste foram invadidas por manchas de substância oleosa, derivadas de petróleo, e que, até o momento, podem ser observadas no litoral nordestino. A história do país ainda conta com episódios horrendos, como: o acidente com césio-137, em Goiânia-GO; a contaminação do lençol freático de Paulínia-SP; o vazamento de óleo na Baía de Guanabara-RJ; dentro muitos outros.

No entanto, nos últimos quatro anos, o Brasil enfrenta uma de suas maiores crises ecológicas, potencializada pelo desmonte dos órgãos fiscalizadores e das políticas ambientais.

Muito embora a Carta Magna estabeleça princípios e direitos relacionados ao meio ambiente e sua proteção, presencia-se a recorrente inobservância às normas. Além disso, o tema é constantemente abordado em fóruns internacionais, e objeto de validação por órgãos importantes, como a Organização das Nações Unidas (ONU).

A primeira Conferência Mundial de Meio Ambiente Humano, promovida pela ONU, aconteceu em Estocolmo, capital da Suécia, em 1972, e teve como pauta questões atinentes à poluição e a degradação dos ambientes habitados, dentre outros. Nessa oportunidade, criou-se a Declaração de Estocolmo e o Plano de Ação para o Meio Ambiente Humano, que estabelecem compromissos e princípios de proteção ambiental. Após diversas conferências mundiais, aconteceram a "Rio 92" (*Conferência das Nações Unidas para o Meio Ambiente e Desenvolvimento)*, em 2009, marcando a inserção de todos os continentes na defesa do meio ambiente; e a "Rio+20" (**Conferência das Nações Unidas sobre o Desenvolvimento Sustentável** – CNUDS), em 2012, em comemoração ao retorno de pautas sustentáveis que estavam em inércia por 20 anos (ONU).

Além disso, em 1992, a ONU também criou a *Conference of the Parties* (Conferência das Partes – COP), cujo objetivo era discutir temas relacionados à mudanças climáticas. Uma série de países membros se tornaram signatários da referida convenção, passando a se reunir periodicamente para avaliar as mudanças climáticas e propor diretrizes e normas com a finalidade de diminuir os impactos ambientais. A primeira reunião, denominada COP1, ocorreu em Berlim, na Alemanha, em 1995, onde se discutiu sobre as metas e prazos para a redução de emissão de gases de efeito estufa, pelos países desenvolvidos (ONU, 2022).

No ordenamento jurídico brasileiro, as normas que tratam dos princípios e do direito ambiental estão presentes na Constituição Federal e no regramento infraconstitucional. O art. 225 da Constituição Federal de 1988 estabelece que "todos têm direito ao meio ambiente ecologicamente equilibrado, bem de uso comum do povo e essencial à sadia qualidade de vida, impondo-se ao Poder Público e à coletividade o dever de defendê-lo e preservá-lo para as presentes e futuras gerações".

Outros artigos da Carta Magna ainda tratam das obrigações da sociedade e do Estado para com o meio ambiente, mas, é do artigo 225, que se pode extrair alguns princípios constitucionais básicos que norteiam o tema, quais sejam: princípio ao meio ambiente equilibrado; princípio do direito à sadia qualidade de vida; princípio do acesso equitativo aos recursos; princípio do poluidor-pagador; princípio da prevenção. O Brasil ainda conta com um arcabouço de leis infraconstitucionais que, embora esparsas – não sistematizadas em um único documento normativo –, são de suma importância para garantia e proteção do meio ambiente.

Nesse sentido, o presente artigo se propõe a analisar a intersecção das novas tecnologias, mais especificamente, a Inteligência Artificial e o direito ambiental, como facilitadores da concretização da sustentabilidade e dos desafios econômicos e políticos enfrentados pelo Brasil, apresentando o conceito de energia limpa, item 7, dos Objetivos de Desenvolvimento Sustentável, da agenda 2030 da ONU. Dessa feita, o estudo se baseará na análise bibliográfica e documental, como metodologia, a partir do levantamento de dados, com abordagem descritiva e qualitativa.

1. O meio ambiente natural

Segundo o Dicionário Priberam, meio ambiente é "conjunto das condições biológicas, físicas e químicas nas quais os seres vivos se desenvolvem" (PRIBERAM, *online*)[1].

O artigo 3°, da Lei nº 6.938/1981, em seu inciso I, define meio ambiente como "o conjunto de condições, leis, influências e interações de ordem

[1] Disponível em: https://dicionario.priberam.org/meio ambiente. Acesso em: 24, nov. 2022.

física, química e biológica, que permite, abriga e rege a vida em todas as suas formas" (BRASIL, 2022).

Para Marcelo Abelha Rodrigues (2020), meio ambiente é "o conjunto de relações (físicas, químicas e biológicas) entre os fatores vivos (bióticos) e não vivos (abióticos) ocorrentes nesse ambiente e que são responsáveis pela manutenção, pelo abrigo e pela regência de todas as formas de vida existentes nele" (RODRIGUES, 2020, p. 74).

Paulo Bessa Antunes (2023) compreende que meio ambiente é:

> O sistema de constantes espaciais e temporais de estruturas não humanas, que influencia os processos biológicos e o comportamento dessa população, nele compreendidos os processos sociais diretamente ligados a essas estruturas tais como o trajeto regular dos suburbanos, ou o desvio comportamental em correlação direta com a densidade da população ou com as condições habitacionais. (ANTUNES, 2023, p. 3)

Essas definições, apesar de pequenas distinções, mantêm-se de acordo sobre os fundamentos principais.

Já a conceituação de "natural" ou "natureza" apresenta uma complexidade de definição, devido à diversidade de abordagem do termo, por parte de campos de estudos bastante distintos, como as perspectivas metafísicas, fenomenológicas, existenciais e ontológicas da filosofia, por exemplo. Porém, para fins deste estudo, defendemos uma abordagem de natureza que compactue com as discussões acerca do meio ambiente e sua preservação, bem como os resultados da interação entre o homem e meio ambiente.

Richard Domingues Dulley (2004), ao analisar as diversas possibilidades de definição do termo natureza, entende que o natural trata dos fenômenos da natureza, os quais independem completamente da ação humana; em oposição, às coisas que dependem do homem, decorre o artificial (DULLEY, 2004, p. 16).

O autor ainda afirma que o meio ambiente se difere da natureza, uma vez que o primeiro está inserido na segunda, de modo que não são a mesma coisa, mas não podem ser dissociados um do outro. Em suas palavras: "foi, portanto, a partir da natureza, e do seu estudo sistemático que o homem foi construindo seu meio ambiente, através do acúmulo de conhecimento sobre ela" (DULLEY, 2004, p. 18).

Gustavo da Fonseca e Dauro Marcos do Prado (2008) afirmam que, de fato, há muitas vertentes sobre a conceituação de meio ambiente e natureza, mas se restringem a duas visões básicas: a primeira é considerada estrita, pois apresenta o meio ambiente como patrimônio natural, contemplando as relações com e entre os seres vivos, e excluindo o que não diz respeito aos recursos naturais; a segunda visão é ampla, uma vez que abrange toda a natureza original e artificial. Neste diapasão, pontuam, "meio ambiente natural, constituído pelo solo, pela água, pelo ar, pela energia, pela fauna e pela flora. Meio ambiente artificial, ou humano, formado pelas edificações, equipamentos e alterações produzidos pelo homem no meio ambiente natural" (FONSECA; PRADO, 2008, p. 104).

Desde a educação básica, aprendemos a distinguir ambiente natural de ambiente modificado. Já que a transformação do ambiente natural é realizada pelo homem, o atributo de "artificialidade", ao ambiente modificado, se aplica em todas as instâncias do termo.[2]

Posto que o homem também é produto da natureza, cabe inseri-lo na discussão conceitualista do meio ambiente natural. Porém, como animal indeterminado e racional, sua interação com o meio ambiente obedece ao equilíbrio ambiental, ao contrário do modo como os outros animais. Como causa de grandes intervenções, que muito têm preocupado os defensores do meio ambiente, e participante direto do meio em que vive, o homem tem contribuído para a efetivação de enormes prejuízos ao meio ambiente, como se desconhecesse sua parcela auto destrutiva na recepção desses danos.

Assim, dentre as diversas definições atribuídas à natureza e ao meio ambiente natural, o ponto convergente dessas discussões reside na preocupação com a degradação do ambiente, derivada do desinteresse e da indiferença dos homens com os efeitos destrutivos causados ao meio ambiente e à própria vida humana.

[2] O termo "artificial" pode ser compreendido, em amplo sentido, como falso, fingido, forçado, dissimulado, postiço, fictício (*Dicionário Priberam, online*). Disponível em: https://dicionario.priberam.org/artificial. Acesso em: 24, nov. 2022.

1.1 Recursos naturais e recursos tecnológicos

A Lei nº 6.938/1981 define recursos ambientais como aqueles que compõem a natureza em si: a atmosfera, as águas, o mar territorial, o solo, a fauna, a flora e outros elementos.

Rildo Pereira Barbosa e Viviane Japiassú Viana (2014) asseveram que:

> De maneira generalizada, poderíamos afirmar que os recursos naturais são tudo aquilo que o homem retira da natureza, para a inserção no sistema produtivo ou para satisfazer as suas necessidades mais básicas; mas tal definição será um tanto incompleta se levarmos em consideração que os recursos naturais também têm como finalidade proporcionar condições de subsistência a todos os organismos vivos das populações biológicas e dos ecossistemas, sendo parte essencial para o equilíbrio ecológico. (BARBOSA; VIANA, 2014, p. 99)

Para Agnes Caroline dos Reis e Roger Santos Camargo (2018), os recursos naturais são todos os elementos disponíveis para consumo humano, os quais são (podem ser) extraídos da natureza para proporcionar benefícios, subsistência e, até mesmo, conforto aos seres humanos (REIS; CAMARGO, 2018, p. 52).

A legislação brasileira não menciona o termo "natural" quando se refere à recursos, mas sim, o termo "ambiental", como disserta Dulley (2004):

> Pode-se, entretanto, verificar que no corpo da legislação pertinente os termos recursos naturais praticamente desaparecem sendo substituídos por outros. Um claro exemplo disso é o inciso VI do artigo 4º da lei Lei Federal n. 6.938/81 que diz "a imposição, ao poluidor e ao predador, da obrigação de recuperar e/ou indenizar os danos causados e, ao usuário, da contribuição pela utilização de recursos ambientais com fins econômicos". Ou seja, descarta recursos naturais, trocando por recursos ambientais. Dentre os quatorze objetivos finalísticos institucionais do Instituto Brasileiro do Meio Ambiente e dos Recursos Naturais Renováveis (IBAMA) apenas dois referem-se aos recursos naturais, o quinto que é "monitorar as transformações do meio ambiente e dos recursos naturais" e o décimo terceiro é de "promover o acesso e o uso sustentado dos recursos naturais. (DULLEY, 2004, p. 23)

Os recursos naturais podem ser: renováveis, ou seja, aqueles que são repostos naturalmente; e recursos não renováveis, que são fontes esgotáveis, de forma que não se regeneram ou levam muito tempo para se regenerar. Segundo Reis e Camargo, "mesmo os recursos renováveis possuem limites e restrições quanto ao uso, podendo chegar a uma condição de esgotamento irreversível se utilizados de forma inadequada" (REIS; CAMARGO, 2018, p. 52).

Por muito tempo, o homem extraiu e utilizou os recursos naturais indistintamente, acreditando que fossem inesgotáveis. No entanto, mesmo após a distinção científica entre recursos renováveis e não renováveis, o homem não se intimidou no exercício de explorá-los, fossem de uma ou outra categoria. Logo, a degradação do meio ambiente não deve a desinformação, mas a corrida das grandes empresas e organizações, de todo o mundo, em direção à conquista e manutenção de poder capital, custe o que custar.

Assim, os impactos ambientais e a exploração dos recursos naturais estão diretamente ligados ao desenvolvimento econômico das nações, e isso pode ser observado mais claramente a partir da Revolução Industrial, com a transição da manufatura para novos processos de fabricação, numa crescente evolução, até alcançar tecnologia para criar máquinas de produção. Das fases da Revolução Industrial, brotaram o modelo econômico capitalista e o desenvolvimento tecnológico cada vez mais avançado, disseminado por todos os continentes, até os dias atuais.

A produção de bens de consumo material e simbólico, em larga escala, juntamente ao aprimoramento das táticas de controle e manipulação das massas, pelo capitalismo, renderam (e rendem) bastante lucro aos investidores, ao custo da exploração ilimitada dos recursos naturais para lastro de desenvolvimento, o desrespeito às normas de proteção ambiental e a fragilidade das políticas públicas, que resultaram em uma crise climática e no esgotamento destes recursos.

Neste cenário, a Europa tem estabelecido uma forte agenda ecológica, com metas e ações práticas que visam, principalmente, a diminuição de: (i) emissão de gases tóxicos na atmosfera; (ii) do uso de combustíveis fósseis; (iii) do desmatamento; e (iv) incentivo ao reflorestamento. (UNIÃO EUROPEIA, 2022).

Não apenas a Europa, mas muitos outros países estão congregando esforços para garantir a conservação do meio ambiente, especialmente com ações preventivas, que buscam o desenvolvimento de forma sustentável e, até mesmo, prevenir, eliminar ou mitigar o risco de dano ambiental. Os recursos tecnológicos, que, até o momento, são utilizados na exploração do meio ambiente, podem ser de suma importância e ajuda na concretização desses objetivos, não apenas na educação e conscientização ambiental, mas também na aplicação de novas ciências e técnicas para produção ecologicamente sustentável.

Enrique Leff (2002), ao falar da agroecologia, traz contribuições sobre o uso da ciência e da tecnologia no âmbito do desenvolvimento sustentável:

> A Agroecologia surgiu, precisamente, de uma interação entre os produtores (que se rebelam frente à deterioração da natureza e da sociedade, que é provocada pelo modelo produtivo hegemônico) e os pesquisadores e professores mais comprometidos com a busca de estratégias sustentáveis de produção... Gera técnicas para lavrar a terra, recombinar os gens da vida, multiplicar a capacidade de fotossíntese de diversos arranjos florísticos, das cadeias trópicas, de cultivos múltiplos e combinados, de pisos ecológicos e complementaridades espaciais, para incrementar a produtividade ecotecnológica sustentável de dado território. (LEFF, 2002, p. 40)

O autor reitera que o enorme paradigma, relacionado ao fato de a tecnologia ter sido utilizada para fomentar o neoliberalismo e a perseguição ao lucro, pode, agora, servir como significativo instrumento de garantia de sustentabilidade.

Neste direção, Paulo Henrique Martinez (2002) aduz que:

> As tecnologias de comunicação em pleno desenvolvimento permitem a ampliação do diálogo e da participação social, além da disseminação de informações sobre boas práticas e gestão democrática. A cooperação na pesquisa científica e nos conhecimentos humanísticos – tecnologias limpas, ciências do mar, experiências culturais centradas nas pessoas, inclusivas e positivas, segurança alimentar – confere novas dinâmicas para soluções inovadoras no atendimento dos Objetivos de Desenvolvimento Sustentável da

> Agenda 2030. Tecnologia e sustentabilidade são as coordenadas basilares na reorganização imposta pelo cotidiano no mundo pós-pandemia. Trata-se de conduzir a dupla transição – verde e digital – para muito além das expectativas da nascente e sintomática Environmental and Social Governance (ESG). (MARTINEZ, 2022)

Há enorme expectativa depositada na aplicação de tecnologia no auxílio da produção sustentável, no entanto, o questionamento reside na aceitação e adaptação, por parte dos homens no emprego dessas novas técnicas, como a Inteligência Artificial (IA).

2. Inteligência artificial e meio ambiente

Visando uma melhor compreensão do tema proposto, e das tecnologias que podem beneficiar o meio ambiente, merece especial destaque a Inteligência Arterial (IA). Entretanto, as polêmicas em torno da IA têm deflagrado muitos equívocos, de modo que iniciaremos este tópico com sua conceituação e desmistificação.

De acordo com a ciência da computação, a IA consiste em qualquer inteligência semelhante à humana, exibida por um computador, robô ou outra máquina. Também designada como a habilidade, de um computador ou máquina, de imitar as capacidades humanas. Conforme explanação de Gardner (2006), a IA,

> é uma ciência construída a partir dos fatores da simulação computacional, obtida dentro da cognição tecnológica, tanto subjetiva quanto objetiva; e assim, trata-se de uma representação linguístico-matemática dos ideais humanos dentro do pensamento lógico de um equipamento tecnológico, seja por inferência humana direta (ação objetiva) ou pela própria consciência desta – ação subjetiva. (GARDNER 2006, p. 105),

Outrossim, a IA vai além de uma simples imitação e da compreensão de objetos e linguagens, pois consegue aprender com suas próprias experiências, construindo entidades inteligentes autoprogramáveis ou de autogerência, tomando decisões e resolvendo problemas variados, de forma segura e eficaz.

Seguindo John R. Searle (2006), em seu trabalho *A redescoberta da mente*, as Inteligências Artificiais são autogeridas a partir de: (i) aprendizado através de uma rede de máquina; (ii) redes neurais entre sistemas; (iii) reconhecimento de voz e de atitudes humanas, e reprodução destas; (iv) análise preditiva, qualitativa, quantitativa e espacial; (v) armazenamento; (vi) independência; (vii) processamento de linguagem natural; (viii) capacidade de coerção e; (ix) infinitos modelos interpretativos. Estas, por consequência, são formuladas a partir das três estruturas básicas que definem uma IA: o algoritmo, o *hardware* e os dados e informações.

Os renomados cientistas da computação, Stuart Russell e Peter Norvig, na obra *Inteligência Artificial, Uma Abordagem Moderna* (2022, pp. 1-4), apresentam os principais tipos de IA e suas características. Em breve síntese, (i) *IA que age e pensa como humanos*: automatizam tarefas que possibilitam uma melhor tomada de decisões, solução de questões, problemas, e aprendizagem por meio de experiências, a exemplo das redes neurais artificiais. (ii) *IA que atua como humanos*: trata-se de computadores que executam tarefas de um jeito semelhante ao das pessoas, podendo citar, como exemplo, os robôs. (iii) *IA que pensa racionalmente*: intenta simular o pensamento lógico racional dos humanos, ou seja, pesquisam sobre como fazer com que máquinas sejam capazes de entender, raciocinar e agir – os sistemas inteligentes estão englobados neste grupo. (iv) *IA que atua racionalmente*: idealmente, são aquelas que tentam reproduzir de forma racional o comportamento humano, como os agentes inteligentes. "Em resumo, a IA se concentra no estudo e na construção de agentes que fazem a coisa certa" (RUSSELL; NORVIG, 2022, p. 4).

Feita a conceituação da IA, podemos desmistificar o suposto caráter perigoso dessas tecnologias, e focar em sua contribuição para a sustentabilidade e proteção do meio ambiente.

O Brasil conta com uma vasta legislação sobre a preservação do meio ambiente e a prática sustentável, visando a proteção, a redução dos danos e o equilíbrio ambiental, começando pela Constituição Federal de 1988, que em seu artigo 225, *caput*, declara o direito ao meio ambiente ecologicamente equilibrado; assim como nas leis infraconstitucionais, consoante a Lei 9.605/1998 – Lei dos Crimes Ambientais – voltada a punição das infrações, a partir da criação de mecanismos à sociedade, aos órgãos ambientais e ao Ministério Público para fiscalizar e punir os crimes ambientais. A Lei 12.305/2010 – Política Nacional de Resíduos Sólidos (PNRS) também representa um grande avanço no ordenamento interno, alterando a Lei 9.605/1998, ao estabelecer orientações à gestão integrada e ao gerenciamento ambiental adequado dos resíduos sólidos, atribuindo, inclusive, responsabilidade compartilhada entre governo, empresas e sociedade, de modo que todo resíduo sólido que não receber o devido processamento, antes da destinação final, sujeitará o infrator a penas passivas e prisão. Ademais, temos as leis: Lei 11.445/2007 - Estabelece a Política Nacional de Saneamento Básico; Lei 9.985/2000 - Institui o Sistema Nacional de Unidades de Conservação da Natureza; Lei 6.766/1979 - Lei do Parcelamento do Solo Urbano, que definiu as regras para loteamentos urbanos, obstando o uso irregular de áreas de preservação ecológica; Lei 6.938/1981 – Institui a Política e o Sistema Nacional do Meio Ambiente, estipula e define, por exemplo, que o poluidor é obrigado a indenizar danos ambientais que causar; Lei 9.433/1997- Lei de Recursos Hídricos, que institui a Política e o Sistema Nacional de Recursos Hídricos; Lei nº 11.284/2006 - Lei da Mata Atlântica; Lei 12.651/2012 - Código Florestal Brasileiro, que Revogou o Código Florestal Brasileiro de 1965 e definiu que a proteção do meio ambiente natural, inovando no que diz respeito as obrigações dos proprietários em relação a manutenção de espaços protegidos, na propriedade privada, apresentado os institutos da Área de Preservação Permanente (APP) e Reserva Legal (RL).

Todavia, apesar de possuir uma das legislações mais completas e avançadas sobre o tema ambiental, o Brasil ainda sofre para colocar em pratica os meios necessários para sua efetividade, e é neste pondo que a IA pode corroborar para a quebrar algumas barreiras. De acordo com uma pesquisa realizada pela PwC em 2019[3] – denomina de "Sizing the Price of AI" ("Medindo o preço da IA", em português), encomendada pela Microsoft, demostrou de forma inédita, o potência da IA nos mais diferentes negócios visando reduzir os impactos ambientais e mostra que a adoção de IA será responsável por ajudar no desenvolvimento de setores e na

[3] *Microsoft News Center* Brasil, 22 abril, 2019. Disponível em: https://news.microsoft.com/pt-br/inteligencia-artificial-podera-contribuir-em-mais-de-us-157-trilhoes-para-a-economia-global-ate-2030/#:~:text=Pesquisa%20da%20PwC%20encomedada%20pelana%20preserva%C3%A7%C3%A3o%20do%20meio%20ambiente. Acesso em: 24, nov. 2022.

preservação do meio ambiente, que de acordo com a pesquisa, a Inteligência artificial poderá contribuir em mais de US$ 15,7 trilhões para a economia global até 2030,

Entre os principais temas foram avaliados quatro setores considerados críticos para a economia, sendo eles: (i) Agricultura – considera que utilizar ferramentas de IA para o planejamento do preparo e uso da terra, por exemplo, pode reduzir as emissões de gases em mais de 160Mt CO2 até 2030, sendo possível produzir mais alimentos e ajudar a proteger os recursos naturais. (ii) Água – preservar afluente, constante controle da qualidade da água doce e dos oceanos, florestas, além trazer impactos positivos relacionados à segurança dos alimentos e abastecimento de água nos grandes centros urbanos. (iii) Energia – As tecnologias de previsão também podem reduzir o consumo de eletricidade. A utilização de IA nesse setor trará um impacto no PIB global (2,2% até 2030) e nas emissões de GEE. O estudo estima que AI possa desempenhar um papel vital na redução e na busca de alternativas para a produção de carbono. (iv) Transportes – a utilização de IA também permite facilitar e acelerar a implantação de sistemas de transporte sustentáveis associados automação e a substituição de combustíveis fosseis por energias limpas, é importante ressaltar que esse setor representa entre 20% e 30% do consumo global de energia e das emissões de CO2.

Deste modo, resta inegável os benefícios que a IA podem trazer no combate a degradação do meio ambiente, gerando diversas oportunidades e facilitando o controle e administração dos meios de fiscalização, gerando benéficos econômicos e sociais, além de proporcionar mais segurança a setores fundamentais para o crescimento sustentável como exemplo das fontes de e energias limpas e renováveis.

2.1 Inteligência artificial e as novas fontes de energia limpa

O campo de criação e desenvolvimento de novas fontes de energia limpa está relacionado à sustentabilidade e ao uso da IA. O tema possui extrema relevância e faz parte dos esforços das Nações Unidas (ONU), para os "Objetivos de Desenvolvimento Sustentável" (ODS) da agenda 2030, incluído como "item 7", e tem grande pertinência no combate ao aquecimento global, bem como na preservação do meio ambiente.

Deste modo, o tema será apresentado em consonância com os avanços tecnológicos propiciados pela IA, em face do "Objetivo 7":

> Objetivo 7. Assegurar o acesso confiável, sustentável, moderno e a preço acessível à energia para todas e todos. 7.1 Até 2030, assegurar o acesso universal, confiável, moderno e a preços acessíveis a serviços de energia. 7.2 Até 2030, aumentar substancialmente a participação de energias renováveis na matriz energética global. 7.3 Até 2030, dobrar a taxa global de melhoria da eficiência energética. 7.a Até 2030, reforçar a cooperação internacional para facilitar o acesso a pesquisa e tecnologias de energia limpa, incluindo energias renováveis, eficiência energética e tecnologias de combustíveis fósseis avançadas e mais limpas, e promover o investimento em infraestrutura de energia e em tecnologias de energia limpa. 7.b Até 2030, expandir a infraestrutura e modernizar a tecnologia para o fornecimento de serviços de energia modernos e sustentáveis para todos nos países em desenvolvimento, particularmente nos países menos desenvolvidos, nos pequenos Estados insulares em desenvolvimento e nos países em desenvolvimento sem litoral, de acordo com seus respectivos programas de apoio. (ODS – ONU, 2015)

Conforme artigo de Ariel Cohen, publicado na Forbes NY, em 31/08/2020, com o título *Get Smart: AI And The Energy Sector Revolution* (Fique esperto: IA e a revolução do setor de energia), "A convergência da IA sobre e do setor de energia terá impactos dramáticos e abrangentes para os consumidores globais". Como bem arguiu Bill Gates aos formandos de todo o mundo, em 2017:

> *If I were starting out today and looking for the same kind of opportunity to make a big impact in the world, I would consider these fields. One is artificial intelligence. We have only begun to tap into all the ways it will make people's lives more productive and creative. The second is energy, because making it clean, affordable, and reliable will be essential for fighting poverty and climate change.* (GATES, 2020, *online*)[4]

[4] "Se eu estivesse começando hoje e procurando o mesmo tipo de oportunidade para causar um grande impacto no mundo, consideraria esses campos. Uma delas é a inteligência artificial. Apenas começamos a explorar todas as maneiras pelas quais ela tornará a vida das pessoas mais produtiva e criativa. A segunda é a energia, porque torná-la limpa, acessível

Guga Stocco (2001), especialista no mercado de tecnologia digital, em um artigo para *MIT Technology Review Brasil*, disserta que:

> Mesmo nos modelos atuais de energia renovável, a inteligência artificial também pode ajudar a realizar previsões para os principais fatores que hoje regulam o mercado de energia, incluindo clima, geração de energia renovável, demanda do cliente e preços. Essas previsões e o aprendizado com os resultados ao longo do tempo permitirão que a IA otimize todos os recursos do grid para cada momento. do dia. (STOCCO, 2021, *online*)[5]

Além disso, direcionando para uma efetividade plena, da gestão dos recursos naturais para produção de energia limpa, é factível considerar que os algoritmos de IA favorecem uma gestão mais completa dos padrões e tendências climáticas, otimizando dados e monitorando a intensidade do vento e do sol, que, consequentemente, poderá determinar com exatidão, em quais áreas haverá maior produtividade de energia renovável em consonância com o aumento na demanda de eletricidade. A Selectra – empresa portuguesa do setor de expertise energética com atuação em Portugal, Espanha e México – demonstra as empresas do setor de energia que já avançaram com a utilização da IA, ao apurar uma série de tendências, como:

> **Monitoramento avançado**: salas de controle remoto que são suportadas pela IoT, sensorização de operações e IA. Servem para mostrar conclusões, comportamentos às equipes que monitoram e operam as instalações, comparando todo o tipo de variáveis operacionais. **Detecção precoce de danos**: uso de IA para anunciar desastres climáticos que impedem o acesso a determinadas áreas da rede de distribuição de energia. **Capacidades de supervisão e suporte remoto**: muitas empresas confiam em soluções de realidade aumentada quando é necessário oferecer uma segunda opinião de especia-

e confiável será essencial para combater a pobreza e as mudanças climáticas" (Tradução nossa). Disponível em: https://www.forbes.com/sites/arielcohen/2020/08/31/get-smart--ai-and-the-energy-sector-revolution/?sh=f7c1e8604472 Acesso em: 24, nov. 2022.

[5] Disponível em: https://hml.mittechreview.com.br/o-futuro-descentralizado-da-energia/. Acesso em: 24, nov. 2022.

listas que não estão na área. **Redução operacional recorrente**: possui IA para processamento de imagens, leitura automática de informações e reconhecimento de padrões corretos/incorretos por meio de processamento de imagens. Isto permite validar automaticamente as reparações ou intervenções realizadas, reduzindo assim a necessidade de deslocação de uma equipa. (PIX. FORCE, 2022, *online*)[6]

Por fim, vale ressaltar que o Brasil conta com a Resolução Normativa da Agência Nacional de Energia Elétrica (ANEEL), Nº 482, de 17 de abril de 2012, que por meio da Resolução Normativa (REN 482/2012)[7] regulamenta o Sistema de Compensação de Energia Elétrica (SCEE), através da Micro e Minigeração Distribuída (MMGD), proveniente de fontes renováveis de energia elétrica, como solar fotovoltaica, eólica, biomassa e hídrica. Que recebeu um grande impulso normativo com a Lei 14.300/2022, a qual Institui o Marco Legal da Microgeração e Minigeração Distribuída, o Sistema de Compensação de Energia Elétrica (SCEE) e o Programa de Energia Renovável Social (PERS). O Marco Legal da MMGD consolida o processo de transição energética brasileira, e representa um avanço fundamental para o desenvolvimento das bases que vão permitir que o Brasil se insira em um novo patamar de sustentabilidade, competitividade e inovação, aproximando-se dos "Objetivos" da ODS (ONU), contribuindo para a geração de energias renováveis.

3. O uso das novas tecnologias e o direito na proteção ambiental

Como visto nos tópicos anteriores, o Brasil tem uma vasta legislação ambiental, entretanto, no que diz respeito a IA, estamos apenas no começo, de modo que, o legislador brasileiro, busca aprovar regulamentação normativa do tema, fruto de grandes debates legislativos. Assim, vale ressaltar os seguintes projetos de lei: PROJETO DE LEI N° 5051, DE 2019, de autoria do Senador Styvenson Valentim (PODEMOS/RN); PROJETO DE LEI N° 21, DE 2020, apresentado pela Câmara dos Deputados,

[6] Disponível em: https://www.pixforce.com.br/post/inteligencia-artificial-energias-renovaveis Acesso em: 24, nov. 2022.

[7] ANEEL – RES 482. Disponível em: https://www2.aneel.gov.br/cedoc/ren2012482.pdf. Acesso em: 24, nov. 2022.

constando em seu artigo 3º, os requisitos para aplicação da inteligência artificial no Brasil, esclarecendo o objetivo principal de desenvolvimento científico e tecnológico, bem como: "VI – a proteção e a preservação do meio ambiente"; PROJETO DE LEI N° 872, DE 2021, de autoria do Senador Veneziano Vital do Rêgo (MDB/PB), que similarmente aborda, em seu artigo 3º, a sustentabilidade e os objetivos a promoção da IA, em seus incisos: "I – do crescimento inclusivo e do desenvolvimento sustentável; II – da pesquisa, do desenvolvimento tecnológico, da inovação e do empreendedorismo; III – da melhoria da qualidade e da eficiência dos serviços oferecidos à população".

Os esforços para criar mecanismos tecnológicos que auxiliem o judiciário na proteção do meio ambiente permeiam todos os setores jurídicos, académicos e científicos, como se extrai da parceria formada pelo Conselho Nacional de Justiça (CNJ) e a Universidade Federal do Rio Grande do Norte (UFRN), em um projeto que visa usar IA e técnicas da ciência de dados, para extrair informações úteis dos textos processuais, a fim de realizar análises e previsões em ações judiciais com o assunto Direito Ambiental. Conjuntamente com técnicas de processamento de linguagem natural e análise dos dados do processo, e do conteúdo textual das teses e peças jurídicas, visa obter informações sobre a atuação do Judiciário na área do meio ambiente.

Com uma arquitetura direcionada a aprimoradas soluções, em uma linguística computacional que utiliza redes neurais para extrair sentido dos textos, busca-se ser capaz de reconhecer padrões nos metadados analisados, trabalhando juntamente com a plataforma Codex[8], que processa os dados em busca de soluções. De acordo com o professor da UFRN, Elias Jacob, "O Codex importa as informações dos diversos sistemas pro-

[8] O Codex é uma plataforma nacional desenvolvida pelo Tribunal de Justiça de Rondônia (TJRO) em parceria com o CNJ que consolida as bases de dados processuais e, assim, provê o conteúdo textual de documentos e dados estruturados. Ele funciona como um *data lake* de informações processuais, que pode ser consumido pelas mais diversas aplicações: a produção de painéis e relatórios de inteligência de negócios (*business intelligence*); a implementação de pesquisas inteligentes e unificadas; a alimentação automatizada de dados estatísticos; e até mesmo o fornecimento de dados para a criação de modelos de Inteligência Artificial. Disponível em: https://www.cnj.jus.br/sistemas/plataforma-codex/. Acesso em: 24, nov. 2022.

cessuais eletrônicos utilizados pelos tribunais. Ele extrai tanto os metadados do processo, como número e nome das partes, quanto o teor dos textos que estão lá".

Outrossim, conforme apresentadas no portal do Conselho Nacional de Justiça, essas iniciativas buscam fortalecer a atuação do poder judiciário na proteção do meio ambiente, com o auxílio da IA, observando, inclusive, que este é um dos "objetivos" da ODS, e dos projetos realizado pelo Programa das Nações Unidas para o Desenvolvimento (PNUD). Assim, o CNJ elenca os principais produtos e benefícios previstos da parceria entre CNJ, PNUD e UFRN:

- Solução de IA capaz de recomendar aos magistrados precedentes na área ambiental, buscando situações similares e permitindo maior uniformização dos julgamentos;
- Dados tratados contendo o recorte de causas ambientais que já tramitaram no Brasil;
- Ferramenta para identificar os maiores réus em causas ambientais e poluidores em geral a partir de dados retirados da Base Nacional de Dados do Poder Judiciário (DataJud);
- Solução de IA capaz de ler textos jurídicos e identificar elementos importantes, como o tipo de crime cometido, o dano causado, o bioma envolvido, o valor da condenação e o uso da legislação nacional e internacional; e
- Solução de IA para prever os resultados de processos judiciais na área ambiental. (CNJ, 2022, *online*)[9]

3.1 A correlação entre o direito e a sustentabilidade

Segundo Eric Hobsbawm, em sua obra *Era dos Extremos* (1995), o século XX foi marcado por muitas guerras e conflitos políticos que culminaram no completo desprezo pela dignidade humana, o que compreende também a indiferença para temas relacionados à questões ambiental, social, política, econômica e cultural (HOBSBAWN, 1995).

[9] Disponível em: https://www.cnj.jus.br/ia-e-ciencia-de-dados-vao-auxiliar-o-judiciario--na-protecao-do-meio-ambiente/. Acesso em: 24, nov. 2022.

Por outro lado, também foi o século no qual a preocupação com os direitos humanos e com as consequências da exploração ambiental ganhou destaque. A começar pela criação da Organização Internacional de Trabalho (OIT), com o fim da Primeira Guerra Mundial (1914-1918).

Posteriormente, nasce a Organização das Nações Unidas (ONU), após a Segunda Guerra Mundial (1939-1945), com o objetivo de garantir a paz mundial e promover o respeito aos direitos e a dignidade da pessoa humana. Com o surgimento da ONU, iniciaram-se as convenções e fóruns mundiais destinados à debater pautas exclusivamente ambientais, como já mencionado, acima.

Dos encontros mundiais promovidos pela ONU, que tiveram início em 1972 com a primeira Conferência Mundial de Meio Ambiente Humano, tratados e agendas ambientais foram sendo incorporados pelos ordenamentos jurídicos internos de cada país.

O ordenamento jurídico brasileiro trata da proteção do meio ambiente e da sustentabilidade, tanto na Constituição Federal – inclusive, estabelecendo princípios –, quanto na legislação infraconstitucional.

Canotilho (2010) aponta para a importância da sustentabilidade figurar como um princípio constitucional, mas ter a regulação concreta formulada por normas infraconstitucionais:

> Tal como outros princípios estruturantes do Estado Constitucional – democracia, liberdade, juridicidade, igualdade – o princípio da sustentabilidade é um princípio aberto carecido de concretização conformadora e que não transporta soluções prontas, vivendo de ponderações e de decisões problemáticas. É possível, porém, recortar, desde logo, o imperativo categórico que está na génese do princípio da sustentabilidade e, se se preferir, da evolução sustentável: os humanos devem organizar os seus comportamentos e acções de forma a não viverem: (i) à custa da natureza; (ii) à custa de outros seres humanos; (iii) à custa de outras nações; (iiii) à custa de outras gerações. (CANOTILHO, 2010, p. 8)

Ana Paula de Almeida e João Gilberto Engelmann, acrescentam que o caráter regulador e obrigatório das normas jurídicas é fundamental para conciliar a liberdade individual com a responsabilidade coletiva. Assim, afirmam que:

> O diagnóstico genérico de que a conduta individual, além de ser contraditória, é autodestrutiva parece ser um arrazoado argumentativo necessário à compreensão do fenômeno humano diante da liberdade e a atividade real frente a essa determinação. Assim sendo, o Direito, enquanto imersão nos contextos sociais, tem como função a proteção dos bens jurídicos inerentes à conservação da sociedade e do indivíduo e, sob esse aspecto, forma a discussão acerca da sustentabilidade. (ALMEIDA. ENGELMANN, 2010, p.11-25).

No entanto, ainda há que se falar na modernização dos institutos jurídicos de defesa do meio ambiente, uma vez que os atuais se prestam a quantificar os riscos e impactos, moldando-os aos interesses do sistema capitalista.

Nesse sentido, Saulo de Oliveira Pinto Coelho e Rodrigo Antonio Calixto Mello (2011) defendem que a evolução da sociedade, da política e da economia traz novos desafios ao modelo jurídico atual, bem como o Estado Democrático de Direito aparece como uma resposta ao sistema individualista e egocêntrico, imposto hodiernamente. “Considerando que para subsistência da humanidade será necessária a proteção do meio ambiente, o sistema jurídico deverá oferecer ferramentas para um desenvolvimento sócio-ambientalmente sustentável” (COELHO; MELLO, 2011, p. 12).

A sustentabilidade deve ser compreendida como um direito multidisciplinar e que se conecta entre si em todos os aspectos: ecológico; econômico; social; cultural; político; e tecnológico. De forma mais ampla que o meio ambiente, a sustentabilidade pressupõe a garantia da dignidade humana e do direito à vida, por meio da proteção ao ambiente. Cabe ao Direito atuar como instrumento que proporcione um crescimento econômico respeitoso, renovável e longevo.

Conclusões

O artigo ora presentado, buscou demonstrar como o Direito pode se beneficiar da Inteligência Artificial, no intuito de viabilizar a efetividade de normas ambientais que intentam pela garantia de um meio ambiente ecologicamente equilibrado e sustentável. Conceituando meio ambiente natural e recursos naturais, de acordo com o entendimento adotado por acadêmicos, cientistas e órgãos internacionais, bem como, o conceito de

Inteligência Artificial, propiciamos um melhor entendimento dos temas abordados neste trabalho, para a proposta de uma reflexão profunda.

Com efeito, apesar da vasta legislação sobre o tema “meio ambiente”, constatamos que ainda há muitos desafios para colocá-la em prática, visto que muitos são os problemas enfrentados, como a falta de efetividade no cumprimento da norma ambiental e a ausência de fiscalização, para execução dos objetivos assumidos em âmbito nacional e internacional. Contudo, o mundo vivencia um momento de grandes transformações tecnológicas, que podem e devem ser usadas em benefício do meio ambiente, de modo a facilitar a implementação de ferramentas de análise jurídica de temas ambientais, implementação e produção de fontes de energias limpas e renovais, a exemplo das fontes fotovoltaicas – solar ou eólicas –, monitoramento do clima e das degradações ambientais e ecológicas.

Deste modo, busca-se uma alternativa de controle e eficácia por intermédio da IA, que envolve diversos agentes da sociedade civil e do judiciário brasileiro. Conforme evidenciado, já se utilizam destas tecnologias em processos ambientais, em uma clara demonstração da intersecção do Direito com a IA, na busca pela sustentabilidade econômica, social e ambiental.

Em síntese, conclui-se que nos dias atuais e nos que se seguirão, o tema sustentabilidade terá cada vez mais relevância, e que tecnologia, direito e meio ambiente são indissociáveis, na busca pela preservação dos recursos naturais.

Referências

ANEEL – AGÊNCIA NACIONAL DE ENERGIA ELÉTRICA. **Resolução Normativa Nº 482**, de 17 de Abril de 2012. disponível em: https://www2.aneel.gov.br/cedoc/ren2012482.pdf. Acesso em: 24, nov. 2022.

ANTUNES, Paulo de Bessa. **Direito ambiental**. Atlas. 23. ed. – Barueri [SP]. 2023.

BARBOSA, Rildo Pereira; VIANA, Viviane Japiassú. **Recursos naturais e biodiversidade**: prevenção e conservação dos ecossistemas. Érica. 1. ed. São Paulo, 2014.

CANOTILHO, José Joaquim Gomes. O Princípio da sustentabilidade como Princípio estruturante do Direito Constitucional. **Revista de Estudos Politécnicos**. 2010, Vol VIII, nº 13, 007-018. Disponível em: https://scielo.pt/pdf/tek/n13/n13a02.pdf. Acesso em: 29, nov. 2022.

COELHO, Saulo de Oliveira Pinto; MELLO, Rodrigo Antonio Calixto. A Sustentabilidade Como Um Direito Fundamental: A Concretização Da Dignidade Da Pessoa Humana E A Necessidade De Interdisciplinaridade Do Direito. **Veredas do Direito**, Belo Horizonte, v.8. n.15, p.9-24. Janeiro/Junho de 2011. Disponível em: https://repositorio.bc.ufg.br/handle/ri/19920. Acesso em: 28, nov. 2022.

COHEN, Ariel. Get Smart: AI And The Energy Sector Revolution. **Forbes NY**, 2020. Disponível em: https://www.forbes.com/sites/arielcohen/2020/08/31/get-smart-ai-and-the-energy-sector-revolution/?sh=f7c1e8604472. Acesso em: 26, nov. 2022.

COMO AS NAÇÕES UNIDAS APOIAM OS OBJETIVOS DE DESENVOLVIMENTO SUSTENTÁVEL NO BRASIL. **Nações Unidas Brasil**, (s.d.). Disponível em: https://brasil.un.org/pt-br/sdgs. Acesos em: 21, nov. 2022.

DA FONSECA, Gustavo; DO PRADO, Dauro Marcos. Discussão Sobre O Conceito De Meio Ambiente Natural, Antrópico E De Mosaico E Sua Apropriação Didática No Ensino De Ecologia E Educação Ambiental No Baixo Vale Do Ribeira/Sp. **Revista Didática Sistêmica**, ISSN 1809-3108, Volume 8, julho a dezembro de 2008. Disponível em: https://periodicos.furg.br/redsis/article/view/1205/503. Acesso em: 24, nov. 2022.

DE ALMEIDA, Ana Paula; ENGELMANN, João Gilberto. Direito E Sustentabilidade: Perspectivas De Uma Geração Livre e Possível. **Veredas do Direito**, Belo Horizonte, v.7, n.13/14, p.11-25. Janeiro/Dezembro de 2010. Disponível em: http://revista.domhelder.edu.br/index.php/veredas/article/view/177. Acesso em: 28, nov. 2022.

DOS REIS, Agnes Caroline; CAMARGO, Roger Santos. **Gestão de recursos ambientais**. Porto Alegre: Sagah, 2018.

DULLEY, Richard Domingues. Noção de natureza, ambiente, Meio ambiente, recursos ambientais E recursos naturais. **Agric**. São Paulo, São Paulo, v. 51, n. 2, p. 15-26, jul./dez. 2004. Disponível em: http://www.ifcursos.com.br/sistema/admin/arquivos/06-51-38-artig0nocoesdenaturezaeambiente.pdf. Acesso em: 24, nov. 2022.

EUROPEAN UNION. **Ambiente.** Disponível em: https://european-union.europa.eu/priorities-and-actions/actions-topic/environment_pt. Acesso em: 28, nov. 2022.

GARDNER, Howard. **A nova ciência da mente**: uma história da revolução cognitiva. São Paulo: EDUSP, 2006.

GONÇALVES, Frederico. Inteligência Artificial impulsiona fontes de energia renováveis. **Venturus**, 2019. Disponível em: https://www.venturus.org.br/inteligencia-artificial-impulsiona-fontes-de-energia-renovaveis/. Acesso em: 22, nov. 2022.

HOBSBAWM, Eric J. **Era dos Extremos**: o breve século XX: 1914-1991. Tradução Marcos Santarrita; revisão técnica Maria Célia Paoli. São Paulo-SP: Companhia das Letras, 1995.

INTELBRAS. O que é o novo marco legal de geração de energia elétrica e o que ele prevê? **G1**, 2022. Disponível em: https://g1.globo.com/tecnologia/especial-publicitario/intelbras/noticia/2022/10/11/o-que-e-o-novo-marco-legal-de-geracao-de-energia-eletrica-e-o-que-ele-preve.ghtml. Acesso em: 23, nov. 2022.

INTELIGÊNCIA artificial para o desenvolvimento de energias renováveis. **PIX FORCE**. 2022. Disponível em: https://www.pixforce.com.br/post/inteligencia-artificial-energias-renovaveis. Acesso em: 23, nov. 2022.

INTELIGÊNCIA ARTIFICIAL E SUSTENTABILIDADE. **eCycle**, Equipe eCycle. 2022. Disponível em: https://www.ecycle.com.br/inteligencia-artificial/. Acesso em: 25, nov. 2022.

LEFF, Enrique. Agroecologia e saber ambiental. **Agroecologia e Desenvolvimento Rural Sustentável**. Porto Alegre, v.3, n.1, jan./mar/2002. Disponível em: https://www.projetovidanocampo.com.br/agroecologia/agroecologia_e_saber_ambiental.pdf. Acesso em: 28, nov. 2022.

LEI INSTITUI MARCO LEGAL DA MICRO E MINIGERAÇÃO DE ENERGIA. **Câmara dos Deputados** – Agência Câmara de Notícias, 2022. disponível em: https://www.camara.leg.br/noticias/843782-lei-institui-marco-legal-da-micro-e-minigeracao-de-energia/. Acesso em: 22, nov. 2022.

MARTINEZ, Paulo Henrique. O Brasil e o meio ambiente: nossa trajetória, nossos desafios. **Jornal Da UNESP**. Disponível em: https://jornal.unesp.br/2022/05/05/o-brasil-e-o-meio-ambiente-nossa-trajetoria-nossos-desafios/. Acesso em: 28, nov. 2022.

"meio ambiente", in **Dicionário Priberam da Língua Portuguesa** [em linha], priberam 2008-2021. Disponível em: https://dicionario.priberam.org/meio%20ambiente. Acesso em: 20, nov. 2022.

ONU, Brasil. **COP27**: o que você precisa saber sobre a Conferência do Clima da ONU. Disponível em: https://brasil.un.org/pt-br/205789-cop27-o-que-voce-precisa-saber-sobre-conferencia-do-clima-da-onu. Acesso em: 24, nov. 2022.

ONU. **United Nations Conference on the Human Environment, 5-16 June 1972, Stockholm**. Disponível em: https://www.un.org/en/conferences/environment/rio2012. Acesso em: 24, nov. 2022.

O QUE É A INTELIGÊNCIA ARTIFICIAL? **Iberdrola**, (s.d.). Disponível em: https://www.iberdrola.com/inovacao/o-que-e-inteligencia-artificial. Acesso em: 21, nov. 2022.

RODRIGUES, Marcelo Abelha. **Direito ambiental esquematizado**. Saraiva Educação. 7. ed. – São Paulo: Saraiva, 2020.

RUSSEL, Stuart J.; NORVIG, Peter. **Inteligência Artificial**: Uma abordagem Moderna. Tradução de Daniel Vieira, Flavio Soares Corrêa da Silva. 4º ed. Rio de Janeiro: GEN, 2022.

SACCARO JR., Nilo Luiz. A Conexão Entre Crise Econômica E Crise Ambiental No Brasil. **IPEA**. Boletim regional, urbano e ambiental 13. jan.-jun. 2016. P28. Disponível em: https://repositorio.ipea.gov.br/bitstream/11058/6499/1/BRU_n13_Conex%C3%A3o.pdf. Acesso em: 21, nov. 2022.

SASSON, Jean Marc. Direito ambiental 4.0: inteligência artificial e o poder de polícia ambiental. **JOTA**, 2020. Disponível em: https://www.jota.info/opiniao-e-analise/colunas/regulacao-e-novas-tecnologias/direito-ambiental-4-0-inteligencia-artificial-e-o-poder-de-policia-ambiental-22022020. Acesso em: 20, nov. 2022.

SEARLE, John R. **A redescoberta da mente**. [Trad.] Eduardo Pereira e Ferreira. São Paulo: Martins Fontes, 2006.

4.
AS VANTAGENS, RISCOS E DESAFIOS NA UTILIZAÇÃO DA INTELIGÊNCIA ARTIFICIAL NO PODER JUDICIÁRIO BRASILEIRO

Luiz Henrique da Silva Nogueira
Ricardo André Barros De Moraes

Introdução

No mundo contemporâneo a inteligência artificial (IA) possui um espaço de atuação nos diversos setores de atividade jamais experimentada nas sociedades pretéritas. Com o advento da sociedade da informação, nos últimos cinquenta anos, a humanidade experimentou um avanço e ampla difusão das tecnologias.

O fato de ser uma ferramenta que otimiza e auxilia as mais diversas atividades, sejam elas de trabalho, lazer, saúde, comunicação ou transporte; demonstrou sua indispensabilidade no período de pandemia COVID 19, podendo ser considerado um ápice defeso ao retrocesso, mesmo após a necessidade de isolamento social.

Da mesma maneira, o Poder Público, ao longo dos últimos anos, se utiliza também das benesses provocadas pelos mecanismos de inteligência artificial (IA) e suas evoluções, tal qual os modelos de aprendizado de máquina (AM), costumeiramente denominado em inglês *"machine learning"*, majorando sua produtividade alicerçado nos princípios constitucionais da administração pública da celeridade, economia e eficiência.

No outro diapasão, é cabível a discussão de qual o limite para a utilização e substituição da inteligência e supervisão humana por máquinas previamente dotadas de capacidade de superar as vicissitudes que envolvem decisões e atos na esfera judicial, cabendo ao Estado regulamentar as novas aplicações de modo que os princípios da dignidade da pessoa humana sejam respeitados e aplicados no Poder Judiciário brasileiro.

O obstáculo da regulação, todavia, surge entre outros motivos por conta do conflito inerente entre o veloz e exponencial desenvolvimento tecnológico, que avança suprimindo barreiras espaciais e temporais, e o lento processo legislativo, que, geralmente, estabelece-se com olhar ao passado, por condutas já perpetuadas e que foram consideradas pelo legislador como merecedoras da tutela jurídica.

Em termos de normatividade, cabe refletir sobre as escolhas brasileiras para proteger os direitos fundamentais de seus cidadãos e garantir-lhes isonomia nos exatos termos do texto constitucional.

Tal pesquisa não pretende, e, nem conseguiria, efetuar o esgotamento do tema, diante da evolução exponencial dos conteúdos e novas problemáticas que envolvem toda a questão, servindo assim de um lumiar ao novo prisma que surge em nossa era.

A problemática suscitada pela pesquisa é avaliar as melhorias do implemento da inteligência artificial (IA) na estrutura do Poder Judiciário, contudo expondo a impossibilidade de substituição de todos os procedimentos pelas máquinas, uma vez que estariam em detrimento dos direitos e garantias fundamentais.

1. Sociedade da informação e inteligência artificial (IA)

É cediço que no século XXI a inteligência artificial (IA) se faz presente ao vocabulário e atividades na sociedade da informação. Assim podemos lembrar das lições de Castells sobre a experiência da atual era:

> *"[...] a revolução da tecnologia da informação e a reestruturação do capitalismo introduziram uma nova forma de sociedade, a sociedade em rede. Essa sociedade é caracterizada pela globalização das atividades econômicas decisivas do ponto de vista estratégico; por sua forma de organização em redes; pela flexibilidade e instabilidade do emprego e a individualização da mão de obra. Por uma cultura de virtualidade real construída a partir de um sistema de mídia onipresente, interligado e altamente diversificado. E pela transformação das bases materiais da vida mediante a criação de fluxos e de um*

tempo intemporal como expressões das atividades e elites dominantes." (CASTELLS, 2020, 17)

No período que eclodiu a segunda guerra mundial uma das estratégias empregadas na batalha foi a criptografia e codificação de mensagens. A possibilidade de decodificação desses códigos pelos britânicos, pelo matemático Alan Turing possibilitou a interceptação das tropas alemãs. (DAVIES, 2008, 55)

De uma forma singela podemos determinar que tal época foi a incubadora das codificações para o início da Inteligência Computacional (IC) e da Inteligência Artificial (IA).

1.1 Conceito de sociedade da informação

Pierre Levy (2008,161), em sua obra de paradigma de novos tempos, demonstra a questão da transformação do conceito de conhecimento pelas novas tecnologias da comunicação e da informação com a assunção de competências tornando-se um processo contínuo e múltiplo, em suas fontes, vias de acesso e formas. Tal qual o paradigma de um universo oceânico de informações alimentando o fluxo incessante da possibilidade de novos saberes.

Nessa ótica o conteúdo e a própria informação são os combustíveis do momento presente, como o carvão foi para as máquinas a vapor no início da revolução industrial, ou ainda as especiarias comercializadas e distribuídas na era das navegações que debutaram a presente forma de trocas e interações, não só comercial, mas cultural, social, de costumes, enfim; a globalização que desfrutamos, inicialmente através dos barcos e caravelas, hoje são surfadas pelas redes, quase instantâneas, perante todos os confins do mundo.

É certo que a sociedade da informação estreitou o tempo de intercâmbio das soluções e conquistas aos direitos do homem e seus semelhantes. Tal visão é demonstrada de acordo com a visão sociológica do pensamento de Barreto Júnior:

"O pano de fundo da discussão é, portanto, o cenário de mudanças tecnológicas, jurídicas e sociais advindas do fenômeno denominado como Sociedade da Informação, que estaria impondo mudanças ao Direito para atender a novas realidades, sob a ideia de

que haveria uma evidente necessidade de novas modalidades de regulamentação das condutas nas relações de massa." (BARRETO JUNIOR, 2012, 459)

Da mesma forma, na seara jurídica podemos corroborar o entendimento de Fiorillo (2015, 19) que assevera que os direitos, obrigações e penalidades oriundas da sociedade da informação são alicerçadas no Brasil nos pilares basilares da democracia e dos princípios fundamentais sendo designados: Direito da Sociedade da Informação.

1.2 Conceito de inteligência artificial

A segunda metade do século XX foi um período que se apropriou positivamente de vários estudos e idealizações previstos primordialmente como estratégias bélicas. O matemático Alan Turing, um dos responsáveis por decifrar os códigos criptografados pelos alemães com suas máquinas enigma sendo uma conquista rumo a vitória dos aliados na segunda guerra mundial (DAVIES, 2008), idealizou a possibilidade da construção de máquinas que pudessem desenvolver um comportamento inteligente(TURING.1950). Assim iniciou seus experimentos, conhecidos como o Teste de Turing, com uma pessoa detectando através das respostas fornecidas a determinadas questões quais advinham de um ser humano e quais eram provenientes das máquinas. Nessa época ainda não existia cunhado o termo cujo o qual denotamos a inteligência das máquinas.

Em 1956, no Dartmouth College, em Hanover, New Hampshire, Estados Unidos foi a primeira vez que o jargão inteligência artificial foi empregado. Seu autor, John McCarthy (2007) definiu que a expressão consistia em outorgar a máquinas através de códigos de programação e circuitos elétricos uma série de interações autônomas.

Ultrapassadas quase sete décadas desse princípio ainda o conceito de inteligência artificial não é unânime e tem sido controverso de acordo com o período e os avanços tecnológicos alcançados. Destacamos o estudo de Russell e Norvig (2016) que traçaram quatro definições ou rumos possíveis para a Inteligência Artificial com a perspectiva de diferenciar os sistemas computacionais baseados na racionalidade e no pensamento em contrapartida da ação, assim relacionaram a abordagem humana separando os sistemas que pensam e agem como pessoas ou acerca da abordagem ideal dos sistemas com ações e situações que seriam racionais.

De uma forma concisa e abrangente definimos inteligência artificial como a capacidade de sistemas e máquinas, através de informações preestabelecidas, diagnosticar melhores decisões no tocante as definições de acordo com cada possibilidade, independente de definição prévia.

1.3 Dispositivos intrínsecos a inteligência artificial.

O pioneirismo ocorrido com Turing nos remete a verificar, de acordo com seu teste, que se o comportamento de uma máquina for indistinguível daquele exibido por um ser humano, não há razão para não atribuir a essa máquina a capacidade de pensar (PINO ESTRADA,2015).

Afirmando de que as máquinas poderiam agir como se fossem inteligentes é denominada de inteligência artificial fraca. Já nas hipóteses que as máquinas atuam como se realmente pensassem, ao invés de apenas simular, denominam a hipótese de inteligência artificial forte (RUSSEL; NORVIG,2016).

A área de conhecimento nas pesquisas e desenvolvimento se expandiram de acordo com a especificidade de cada conteúdo, permitindo o aprofundamento de cada tema como se fosse uma nova galáxia dentro do vasto universo. Entre eles podemos citar a inteligência computacional, aprendizagem de máquina, planejamento, otimização e busca, probabilidade, visão computacional, representação do conhecimento, robótica, sistemas multiagente, processamento de linguagem natural, mineração de textos; entre outros.

A Inteligência Computacional (IC) é um sub-ramo da Inteligência Artificial (IA), cujo objeto de estudo são os mecanismos adaptativos para permitir ou facilitar o comportamento inteligente nas definições de tarefas.

Esses mecanismos incluem modelos que apresentam uma capacidade de aprender e se adaptar a situações para generalizar e associar os dados incorporando vários tipos de mecanismos e costumam ser projetados para imitar um ou mais aspectos da inteligência biológica.

No universo jurídico diante da otimização de tempo e recursos na busca de informações a inteligência computacional tem se destacado nos últimos anos sendo útil quando uma decisão deve ser tomada com base em critérios ambíguos e difíceis de mensurar.

2. Poder Judiciário brasileiro

No Brasil, o poder judiciário, juntamente com os poderes executivo e legislativo, são os órgãos responsáveis pela definição das diretrizes de administração, fiscalização, elaboração e interpretação de leis; possuindo o condão de harmonia e interdependência entre si, conforme previsto no artigo 2º da Constituição Federal.

O modelo atual é oriundo do sistema tripartite de estado idealizado por Montesquieu (1989) em sua obra balizadora na forma de administração da maioria dos Estados modernos, já excluído o poder moderador seminalmente concebido diante à época de sua criação.

Assim cabe ao poder judiciário a interpretação das leis, e, por consequência a prestação do serviço jurisdicional para todos que assim tenham por objetivo buscar as soluções cobre controvérsias estabelecidas pelas normas e leis que regulam, sejam as relações privadas como públicas.

O judiciário brasileiro é dividido em duas áreas definidas como justiça comum e justiça especializada. Nessa divisão podemos mencionar seus cinco segmentos: Justiça Estadual e Justiça Federal, pertencentes a Justiça Comum; e Justiça do Trabalho, Justiça Eleitoral e Justiça Militar, integrantes da Justiça Especial.

2.1 Panorama do Poder Judiciário

É inquestionável que apesar de a justiça brasileira possuir um grande volume de atendimentos na prestação de serviço jurisdicional, comparada com seus pares em outros países, a percepção de morosidade e ineficácia pelos jurisdicionados ainda é um desafio a ser superado.

Em relação ao ajuizamento de ações o Brasil é um dos líderes com mais de setenta e cinco milhões de processos em trâmite, refletindo assim uma carga de seis mil trezentos e vinte e um processos por juiz; quinhentos e vinte e cinco processos por servidor; denotando a média de um processo a cada três 3 habitantes em média.

Um dos fatores que ensejam esses altos números é a taxa de taxa de congestionamento de sessenta e oito porcento, segundo o relatório Justiça em Números (CNJ, 2021)[1]. Mais da metade desses processos compreendem a fase de execução.

Nossa Carta Magna prevê o amplo acesso à justiça, o que, em tese, diante dessa garantia fundamental proíbe práticas adotadas em outros estados em referência ao controle preventivo de ingresso de novas demandas, estimulando assim outros mecanismos e formas de solução de conflito.

Mesmo com os altos acúmulos na resolução de processos e com a alta carga de trabalho dos servidores, atualmente as condições e tempo dos processos e acesso a justiça estão muito melhores do que à época dos processos físicos.

Essa transformação do sistema judiciário teve início pela informatização do processo judicial, com a Lei n. 11.419/06, viabilizando a transformação dos autos físicos em digitais. Outro advento significativo foi a identificação dos usuários e cadastro prévio.

Em 2015 com a promulgação do Código de Processo Civil se regulamentou a prática eletrônica de atos processuais nos artigos 193 a 199, além de prever a realização de atos por videoconferência. Tal previsão legal foi imprescindível para a manutenção dos serviços judiciais, na pandemia COVID 19[2].

Diante da permanência das restrições de locomoção e com o aumento de vítimas da doença, inclusive com grande número de óbitos, a sociedade buscou formas de continuar com suas atividades.

No Poder Judiciário, iniciaram a realização de audiências virtuais com a utilização de voz e vídeo, por meio de diversos sistemas antes refutados pelos participantes do sistema, contudo diante do estado inédito na sociedade foi a forma encontrada para a continuidade dos serviços prestados para a efetividade dos direitos fundamentais ao cidadão se atualizaram e desenvolveram suas plataformas de atividade com a nova realidade, permitindo a solicitação de documentação até então emitida de forma presencial através da rede mundial de computadores como cartórios e

[1] Fonte: **Relatório Justiça em Números 2021** (CNJ). Disponível em: https://www.cnj.jus.br/wp-content/uploads/2021/09/relatorio-justica-em-numeros2021-12.pdf

[2] OPAS – Organização Panamericana da Saúde. História da COVID 19. Disponível em https://www.paho.org/pt/covid19/historico-da-pandemia-covid-19.

prefeituras com a emissão de quase a totalidade de certidões para que a vida continuasse o fluxo anterior.

Mesmo ultrapassado tal calamidade, a sociedade mantém a prática de tais atos diante da celeridade que alguns procedimentos instituíram no meio judicial.

2.2 Tecnologias empregadas para melhoria do serviço jurisdicional

Vislumbrando aos novos caminhos tecnológicos tanto nas empresas como na administração pública, o Poder Judiciário também buscou mecanismos de maior celeridade e eficiência na prestação dos serviços, considerando a escassez de orçamento financeiro e capital humano para a execução de suas tarefas.

Nesse horizonte, destacamos o Estudo de Imagem do Poder Judiciário (FELONIUK,2019) que verificou a média de 21 magistrados por cem mil habitantes entre 48 países. No Brasil a quantidade de magistrados por habitantes ocupou o 38º lugar, com 8,58 magistrados a cada cem mil habitantes. Para agravar ainda mais a situação o sistema brasileiro é o quarto país com maior número de processos por juiz.

O Conselho Nacional de Justiça preconizou o desenvolvimento e implementação de sistemas de inteligência artificial pela Resolução nº 332, de 21/08/2020, e pela Portaria nº 271 de 04/12/2020, expondo sobre a governança em seu uso, ética e transparência nos procedimentos adotados.

Tais implementações podem contribuir com a agilidade e coerência do processo de tomada de decisão, mesmo com a falta de recursos financeiros e humanos.

Corroborando com o déficit em recursos humanos, o relatório dos sistemas judiciais europeus apontam que para cada cem mil habitantes existem 24 na Alemanha; 26 na Grécia; 19 em Portugal; 12 na Espanha; 11 na Itália e 10 na França; todos com número superior ao Brasil[3].

Diante desse prisma, as tecnologias da informação e comunicação contemporâneas, atreladas aos sistemas de inteligência artificial deixa-

[3] Relatório European Judicial Systems: Efficiency and Quality of Justice de 2018. Disponível em: https://rm.coe.int/rapport-avec-couv-18-09-2018-en/16808def9c . Acesso em: 29 set. 2022

ram de ser exclusividade de ficção científica e grandes corporações para se tornarem produtos disponíveis à maior parte da população, muitas vezes com licenças livres para uso e aperfeiçoamento.

Desde a implantação da digitalização da justiça, conhecida como justiça 4.0[4], onde a maioria dos tribunais brasileiros implementaram o uso de ferramentas digitais de automatização para a execução de tarefas que até então necessitavam de um servidor. Tais sistemas de inteligência artificial funcionam atrelando dados programados para responder conforme a base de dados disponível, sendo reconhecidos como algoritmos.

Seu funcionamento caracteriza-se pela entrada de dados, normalmente utilizado o verbete em inglês *input*. Assim a saída ou retorno dos dados trabalhados são denominados *output*. O algoritmo deve ter vários meios para o retorno dos dados, os quais devem estar alicerçados com as entradas e em decorrência de tais decisões que os valores cadastrados como *input* precisam ter cada passo de suas operações definidos.

Assim, cada etapa da tarefa processada deve seguir uma pauta rotinas pré-estabelecidas devendo terminar com o resultado lógico buscado.

O algoritmo precisa entregar como *output* um retorno pré-determinado após cumpridas todas as rotinas elencadas. Cada operação que o algoritmo realiza deve ser transparente em sua codificação para que possa ser realizada de modo exato e com possibilidade de ser auditada.

Desde as primeiras experiências no tocante de seleção de dados e parametrização de distribuições de execuções de dívida ativa, na justiça fluminense; até os dias atuais que dispomos de mecanismos de controle de admissibilidade de recursos, no STF e no STJ; muito foi avançado. Exemplos dessas disrupções não nos faltam como a automação documental, balcão virtual, comparativos de preços e leilões de serviços, automati-

[4] O Programa Justiça 4.0 torna o sistema judiciário brasileiro mais próximo da sociedade ao disponibilizar novas tecnologias e inteligência artificial. Impulsiona a transformação digital do Judiciário para garantir serviços mais rápidos, eficazes e acessíveis. O Programa Justiça 4.0 – Inovação e Efetividade na Realização da Justiça para Todos é desenvolvido em parceria entre o CNJ, o Programa das Nações Unidas para o Desenvolvimento (PNUD) e o Conselho da Justiça Federal (CJF), com apoio do Tribunal Superior Eleitoral (TSE), Superior Tribunal de Justiça (STJ) e Conselho Superior da Justiça do Trabalho (CSJT). Disponível em: https://www.cnj.jus.br/tecnologia-da-informacao-e-comunicacao/justica-4-0/ Acesso em: 19 nov. 2022.

zação de trabalhos repetitivos e de projetos, resolução online de conflitos (*ODR – Online Dispute Resolutions*), análise automatizada de documentos, previsão de resultados de processos e respostas automáticas a dúvidas legais em linguagem natural, também denominada jurimetria.

Se pela ótica de gestão e otimização de recursos financeiros e humanos a utilização da inteligência artificial é inquestionável melhoria a todas as etapas na prestação do serviço jurisdicional; não podemos afirmar que os benefícios à prática da justiça sejam incontestes no tocante a capacidade de definir posicionamentos de casos concretos com apenas informações algorítmicas, sendo certa a estipulação de limites para não ultrapassar essa tênue linha ética.

2.3 Limites na utilização de inteligência artificial

Entendendo a necessidade social na regulamentação do uso da inteligência artificial no país, tramitam no congresso cinco projetos visando estipular os limites e princípios acerca da regulação da matéria.

O primeiro foi o projeto de lei 5051/2019 objetivando estabelecer princípios para o uso da inteligência artificial no Brasil, evitando a concretização de alguns riscos implícitos no uso da tecnologia. Tal diploma legal não tem a finalidade de frear o avanço tecnológico, contudo assegurar o desenvolvimento harmônico sempre valorizando o ser humano, e por consequência o bem estar da sociedade.

Uma das propostas sugeridas é proibir a tomada de decisão seja realizada de maneira autônoma por sistemas com inteligência artificial sempre evidenciando a supervisão humana, servindo apenas de auxiliares.

Outro projeto que destacamos, o PL 21/2020, do senador Bismarck tem o intuito de estabelecer princípios, direitos e deveres para o uso de inteligência artificial no Brasil criando um marco legal para seu uso e desenvolvimento.

Tanto o PL 5051/2019 quanto o PL 21/2020 objetivam estabelecer princípios gerais para o uso e desenvolvimento de sistemas de inteligência artificial estabelecendo limites éticos e legais.

Ambos contemplam a preocupação com o poder de decisão exercido pelo ser humano nessa realidade trazendo definições do escopo do projeto com princípios, fundamentos, direitos e deveres das partes envolvidas.

Baseando-se na constituição cidadã de 1988, outro proibitivo para decisões autônomas acerca da inteligência artificial temos com o princípio do juiz natural insculpido nos incisos XXVII e LIII do artigo 5º que preveem a impossibilidade de haver juízo ou tribunal de exceção; e que ninguém será processado nem sentenciado senão pela autoridade competente.

A imparcialidade é a característica que mantém o juízo apartado das partes, pois o juiz não deve atuar com interesse judicial no resultado do processo. O compromisso do julgador é com a observância dos ditames legais.

Além da característica acima destacamos a competência por estar associada à necessidade da previsibilidade de regras com objetividade capaz de determinar, antes da propositura da ação, qual órgão será o responsável pela apreciação daquela demanda

Há, contudo, um fator a considerar pois as decisões tomadas por humanos são impugnáveis, podendo delimitar os fatores que ensejaram determinada resposta o que não ocorreria com os algoritmos e ferramentas de inteligência artificial não possuindo a clareza e transparência necessárias para além de seus programadores

Em função disso, a atribuição decisória aos sistemas de inteligência artificial torna-se especialmente problemática no âmbito da ética e do dircito.

No direito comparado, a Suprema Corte de Wisconsin discutiu, no caso State v. Loomis, a utilização do sistema COMPAS: um algoritmo para análise de risco dos acusados, tendo entendido que o uso de tal sistema não violava o direito do acusado ao devido processo, mesmo a metodologia utilizada para o cálculo do índice ser indecifrável para os juízes e para o réu.

Já no sistema brasileiro, graças ao sistema constitucional, a utilização de mecanismos ocultos para as partes do processo na tomada de decisões viola garantias processuais constitucionais, como o contraditório e a ampla defesa, as quais somente podem ser efetivadas mediante o conhecimento dos pressupostos utilizados no julgamento.

De maneira similar, o Parlamento Europeu, em sua resolução de 14 de março de 2017, pontuou que:

> [...] os dados e /ou os procedimentos de baixa qualidade em que se baseiam os processos de tomada de decisão e os instrumentos analíticos podem traduzir-se em algoritmos parciais, correlações ilegítimas, erros, numa subestimação das implicações jurídicas, sociais e éticas, no risco de utilização de dados para fins discriminatórios ou fraudulentos e na marginalização do papel dos seres humanos nestes processos, podendo resultar em processos imperfeitos de tomada de decisão, com um impacto nocivo nas vidas e nas oportunidades dos cidadãos, mormente nos grupos marginalizados, bem como em consequências negativas para as sociedades e as empresas.[5]

Conclusões

Resta cristalino que um grande número de usuários poderia se beneficiar do uso de robôs com (IA). Também é indiscutível que a filtragem, a análise prévia e a separação de arquivos podem ser realizadas por máquinas, funções que estão a cada dia mais presente em nossos tribunais, conforme demonstrado neste artigo. Porém, não podemos parar por aí, o desenvolvimento da inteligência artificial (IA) é contínuo, quanto maior sua base de consultas, maior sua precisão.

A capacidade de analisar milhões de informações em segundos com extrema eficiência é enorme e inimaginável se detectada aos humanos. Por isso, entendemos que seu uso aumentará cada vez mais a produtividade do servidor/juiz e ajudará os tribunais a reduzir os déficits de processos parados a anos em gabinetes e isso sem aumentar muito os orçamentos dos tribunais, sendo necessário a redistribuir funções aos servidores públicos.

Evidentemente, as possibilidades apontadas neste artigo que não esgotam as oportunidades apresentadas pelas aplicações de (IA), porém, fornecem excelentes reflexões para operadores do direito e empresas de tecnologia jurídica.

[5] Resolução do Parlamento Europeu, de 14 de março de 2017, sobre as implicações dos grandes volumes de dados nos direitos fundamentais: privacidade, proteção de dados, não discriminação, segurança e aplicação da lei (2016/2225(INI)) Disponível em : https://eur-lex.europa.eu/legal-content/PT/TXT/PDF/?uri=CELEX:52017IP0076&from=LV Acesso em 12 nov. 2022.

O Judiciário está buscando cada vez mis alternativas para alcançar a tão esperada celeridade do processo e claro, com (IA) conseguiremos reduzir em muito os trágicos cenários que assolam esta instituição nacional pois sua capacidade produtiva fortalecerá os poderes de reestruturação de todo o judiciário. Desta forma, levando em conta o respeito às leis brasileiras consagradas em nossa Constituição Federal, será possível estabelecer normas legais para que os robôs desempenhem funções, emitam decisões e ordens, trazendo economia, entretanto sem perder de vista o princípio do juiz natural restaurando assim prestígio judicial.

Referências

ALEXY, Robert. **Colisão de Direitos Fundamentais e Realização de Direitos Fundamentais no Estado de Direito Democrático** Palestra proferida na sede da Escola Superior da Magistratura Federal (ESMAFE) no dia 7 de dezembro de 1998.1-Disponível:https://bibliotecadigital.fgv.br/ojs/index.php/rda/article/view/47413/45319

BARRETO JUNIOR, Irineu Francisco. **Dignidade da pessoa humana na sociedade da informação** *in* SIMÃO FILHO, Adalberto; BARRETO JUNIOR, Irineu; LISBOA, Roberto Senise; ANDRADE, Ronaldo Alves de. **Direito da sociedade da informação:** temas jurídicos relevantes. São Paulo: Quartier Latin, 2012, p. 459.

BRASIL. Câmara dos Deputados. **Parecer de plenário pelas comissões de ciência e tecnologia, comunicação e informática, trabalho, de administração e serviço público e constituição e justiça e de cidadania ao Projeto de Lei nº 21/2020**, 01 de setembro de 2021b. Disponível em: https://www.camara.leg.br/propostas-legislativas/2236340

BRASIL. Câmara dos Deputados. **Projeto de Lei 21/2020a**. Estabelece fundamentos, princípios e diretrizes para o desenvolvimento e a aplicação da inteligência artificial no Brasil; e dá outras providências. Disponível em: https://www.camara.leg.br/propostas-legislativas/2236340

BRASIL. Câmara dos Deputados. Projeto de Lei 21/2020a. Estabelece fundamentos, princípios e diretrizes para o desenvolvimento e a aplicação da inteligência artificial no Brasil; e dá outras providências. Disponível em: https://www.camara.leg.br/propostas-legislativas/2236340

BRASIL. Senado Federal. **Ato do Presidente do Senado Federal nº 4/2022a**. Institui Comissão de Juristas responsável por subsidiar a elaboração de minuta de substitutivo para instruir a apreciação dos Projetos de Lei nºs 5.051, de 2019, 21, de 2020, e 872, de 2021, que têm como objetivo estabelecer princípios, regras, diretrizes e fundamentos para regular o desenvolvimento e a aplicação da inteligência artificial no Brasil. Disponível em: https://www25.senado.leg.br/web/atividade/materias/-/materia/152136

BRASIL. Senado Federal. **Projeto de Lei nº 5051/2019b**. Estabelece os princípios para o uso da Inteligência Artificial no Brasil. Disponível em: https://www25.senado.leg.br/web/atividade/materias/-/materia/138790

BRASIL. Senado Federal. **Projeto de Lei nº 5691/2019c**. Institui a Política Nacional de Inteligência Artificial. Disponível em: https://www25.senado.leg.br/web/atividade/materias/-/materia/139586

BRASIL. Senado Federal. **Projeto de Lei nº 872/2021a.** Dispõe sobre o uso da Inteligência Artificial. Disponível em: https://www25.senado.leg.br/web/atividade/materias/-/materia/147434

BRASIL. Senado Federal. Projeto de Lei nº 872/2021a. Dispõe sobre o uso da Inteligência Artificial. Disponível em: https://www25.senado.leg.br/web/atividade/materias/-/materia/147434.

SALOMÃO, Luis Felipe. Coordenação. **Artificial intelegence technology tpplied to conflict resolution in the brazilian judiciary. 2ND EDITION.** Disponível em: https://conhecimento.fgv.br/sites/default/files/relatorio_ia_2fase.pdf.

Toffoli**;** José Antonio Dias; GUSMÃO, Bráulio Gabriel. Coordenação. CNJ -Conselho Nacional de Justiça **Inteligência artificial na Justiça**;– Brasília: 2019.

DAVIES, Norman. **A Europa em Guerra (1939-1945)**. Lisboa: Edições 70, 2008. pp. 55".

DWORKIN, Ronald**. Model of Rules**. – 35 U. Chi. L. Rev. 14 1967-1968 p. 17-29. Disponível: https://openyls.law.yale.edu/handle/20.500.13051/3028. Acesso: 24 ago. 2022.

DWORKIN, Ronald. **O império do direito**. São Paulo: Martins Fontes, 1999.

ENGELMANN, Wilson; SOUZA, Maique Barbosa de. A nova linguagem global: fluência algorítmica como instrumento capaz de proporcionar confiança nos sistemas de inteligência artificial. Revista de Direito e as Novas Tecnologias, São Paulo, vol. 13, out./dez. 2021. Versão digital.

FELONIUK, Wagner. **Números do Poder Judiciário brasileiro: expansão de atuação e comparação com sistemas europeus**. Revista Jus Navigandi, ISSN 1518-4862, Teresina, ano 24, n. 5738, 18 mar. 2019. Disponível em: https://jus.

com.br/artigos/72709/numeros-do-poder-judiciario-brasileiro-expansao-de--atuacao-e-comparacao-com-sistemas-europeus. Acesso em: 28 set. 2022.

FERRAZ JUNIOR, Tércio Sampaio. **Estudos de Filosofia do Direito** 3.ed. São Paulo:Atlas,2009.

FIORILLO, Celso Antonio Pacheco Fiorillo. **Princípios constitucionais do direito da sociedade da informação:** a tutela jurídica do meio ambiente digital. São Paulo: Saraiva, 2015, p. 19.

HABERMAS, **Jurgen. Direito e Democracia.** (p. 169-211-Para a Reconstrução: os Principios do Estado de Direito, I, II e III) https://portalconservador.com/livros/Jurgen-Habermas-Direito-e-democracia-v.I.pdf Acesso.20/08/22.

https://conhecimento.fgv.br/sites/default/files/relatorio_ia_2fase.pdf

Inteligência artificial: avanços e tendências / organizadores **COZMAN**, Fabio G., **PLONSKI** Guilherme Ary, **NERI** Hugo. -- São Paulo : Instituto de Estudos Avançados, 2021. Disponível em https://www.livrosabertos.sibi.usp.br/portal-delivrosUSP/catalog/download/650/579/2181?inline=1 Acesso em :24/9/2022.

KELSEN, Hans. **Teoria pura do direito**. São Paulo: Martins Fontes, 1999

LEVY, Pierre. **As Tecnologias da Inteligência: O futuro do Pensamento na Era da Informática**. Rio de Janeiro: 34, 2008, p 161.

McCARTHY, J. What is Artificial Intelligence? John McCarthy's homepage, 2007. Disponível em: https://perma.cc/U3RT-Q7JK

MONTESQUIEU, Charles Louis de Secondat, Baron de la. **Do espírito das leis**. São Paulo: Abril Cultural, 1989.

PINO ESTRADA. Inteligência Artificial e Direito. Revista Eletrônica Direito & TI. Porto Alegre. 2015. Disponível em:

RUSSEL, Stuart J.; NORVIG, Peter. *Artificial Intelligence: A Modern Approach,* Third Edition,Pearson Education Limited, 2016.

SILVA, José Afonso da. A dignidade da pessoa humana como valor supremo da democracia. **Revista de direito administrativo**, n. abr./jun 1998, p. 89-94, 1998.

TURING, Alan M. (1950). **Computing machinery and intelligence**. Mind 59 (October):433-60.

5.
ÉTICA E MEDICINA NA SOCIEDADE DA INFORMAÇÃO: A IMPLEMENTAÇÃO DA INTELIGÊNCIA ARTIFICIAL E DE NOVAS TECNOLOGIAS EM PROL DA ASSISTÊNCIA À SAÚDE

Rafael Luiz Silveira Bizarria
Ederson Silva Balduino

Introdução

A ciência médica, de nascedouro milenar, consubstancia uma incessante busca pelas melhores técnicas médicas a serem implementadas em benefício dos pacientes, dada a natureza assistencial aplicável.

Considerando a sociedade da informação vivenciada na contemporaneidade, que possui, dentre as suas características, a larga utilização e difusão de novas tecnologias, tem-se que o meio médico acaba sendo atingido por este fenômeno social, ao passo que novas tecnologias são aplicadas à medicina com vistas à modernização da assistência à saúde.

Todavia, em que pese a inevitável implementação de novas tecnologias na atuação médica, um ponto se mostra de imprescindível análise: a necessária compatibilidade entre as novas tecnologias médicas e a ética médica, de modo a compreender um respeito, pelas tecnologias, à autonomia médica, autonomia do paciente e demais diretrizes médicas.

O presente estudo buscará compreender como os Conselhos competentes estão entendendo este novo fenômeno social, com enfoque nos atos infralegais e consultivos emanados pelo Conselho Federal de Medicina e Conselho Regional de Medicina do Estado de São Paulo.

Tal compreensão se dará sob o enfoque da compatibilização de tais tecnologias à ética médica. Esta, inclusive, pautada no "Juramento de Hipócrates", que, dentre outras passagens, discorre,

> Juro por Apolo Médico, por Esculápio, por Higeia, por Panaceia e por todos os deuses e deusas, tomando-os como testemunhas, obedecer, de acordo com meus conhecimentos e meu critério, este juramento: Considerar meu mestre nesta arte igual aos meus pais, fazê-lo participar dos meios de subsistência que dispuser, e, quando necessitado com ele dividir os meus recursos; considerar seus descendentes iguais aos meus irmãos; ensinar-lhes esta arte se desejarem aprender, sem honorários nem contratos; transmitir preceitos, instruções orais e todos outros ensinamentos aos meus filhos, aos filhos do meu mestre e aos discípulos que se comprometerem e jurarem obedecer a Lei dos Médicos, porém, a mais ninguém. Aplicar os tratamentos para ajudar os doentes conforme minha habilidade e minha capacidade, e jamais usá-los para causar dano ou malefício (*in* REZENDE, 2009).

Ao cabo, a pergunta que se buscará responder assim se traduz: é possível compatibilizar a ética médica tradicional com as novas tecnologias e inteligência artificial?

1. Tecnologia e medicina: do tradicionalismo assistencial à sociedade da informação

Tema "espinhoso" (PEREIRA FILHO, 2018), a discussão sobre a implementação de novas tecnologias em saúde – chamadas de "tecnociência em saúde" pelo supramencionado autor – causa certa insegurança e desconfiança: seja pelos custos de operacionalização, seja pelos limites éticos vivenciados nacionalmente.

Sobre a temática e a dificultosa relação bioética entre tecnologias, custos e medicina, leciona Pereira Filho,

> Novos saberes e novas áreas de atuação surgiram, até 50 anos atrás inimagináveis, como a Engenharia Genética, a Nanotecnologia, a Telemedicina, a Economia em Saúde, a Farmacoeconomia, o Biodireito, só para citar alguns. Não há mais dúvidas de que a evolução da tecnociência em saúde e o estrondoso aumento dos custos assistenciais são um dos maiores dilemas bioéticos

do século XXI para médicos e demais profissionais de saúde. Equacionar os conceitos bioéticos milenares da Medicina com os novos paradigmas da tecnociência e da gestão de saúde será uma árdua tarefa que envolverá a todos que atuam na nobre arte de curar (PEREIRA FILHO, 2018).

Para além das reflexões acima expostas, faz-se imprescindível a análise acerca do desenvolvimento da inteligência artificial em meio médico, consubstanciada pelos chamados "robôs de assistência médica". Neste ponto, leciona Rafaella Nogaroli,

> Com os impressionantes avanços tecnológicos dos últimos anos, especialmente na área da robótica e IA, robôs de assistência médica já conseguem efetuar atividades autônomas e cognitivas antes realizadas exclusivamente por seres humanos, tomando decisões quase independentes e aprendendo com a experiência. Ao que tudo indica, num futuro próximo, veremos robôs inteligentes realizarem procedimentos cirúrgicos sem intervenção humana, em soldados de campos de guerra ou astronautas em missão espacial. Esse cenário de cirurgias robóticas inteligentes tende a ser difundido para que pacientes, nos locais mais remotos do globo, tenham acesso às cirurgias (NOGAROLI, 2020).

Sobre a insegurança vivenciada pelo advento das novas tecnologias no campo da saúde, vale colacionar a reflexão de Genival França. Segundo o autor,

> Enfim, não se sabe o que será possível realizar a medicina com seus poderosos computadores quase infalíveis. Não se pode imaginar o destino da arte médica nesses anos vindouros em matéria de sofisticação e recursos. Sabe-se apenas que já se iniciou a era dos grandes conflitos, desafiadores e terrivelmente confusos, a abrir veredas sombrias e duvidosas, e que há um frenesi e uma ansiedade neste exato momento de tumultuosas mudanças (FRANÇA, 2020).

Apesar de um campo inseguro, é imperioso reconhecer que as tecnologias implementadas no campo da saúde podem, em seu maior grau, trazer benefícios ao ato médico. É dizer, podem, se utilizadas de forma adequada, conferir maior efetividade à atividade assistencial.

1.1. Biotecnologia e ramificação das tecnologias na assistência à saúde

No que toca ao desenvolvimento das tecnologias no campo da medicina (no campo das biotecnologias), tem-se que existem ramificações para a classificação das tecnologias. Segundo Pereira Filho, as aplicações da biotecnologia na atuação médica – assistencial ou não – se dividem em três grupos precípuos, a saber: aplicações de suporte de vida (tais como monitores cardíacos, aparelhos de diálise, aparelhos de assistência à atividade cardíaca, etc.), aplicações diagnósticas (exames de imagem, testes genéticos, DNA, etc.) e aplicações cirúrgicas (cirurgias com utilização de tecnologias remotas, próteses, etc.).

E, considerando a contemporaneidade, Pereira Filho amplia o espectro de impacto das tecnologias no âmbito da medicina. Leciona Pereira Filho,

> (...) Além desses, nos últimos anos surgiram: tecnologia da transcendência (engenharia genética, uso de célula-tronco, clonagem); nanotecnologia (cirurgias, diagnósticos, manipulação de moléculas); telemedicina (cirurgias e conferências à distância, prontuário eletrônico). Todos esses avanços tecnológicos só se concretizaram graças ao complexo médico-industrial, que se tornou uma área de negócios atrativa por sua alta lucratividade, porém, geradora de conflitos de interesse, por outro lado (PEREIRA FILHO, 2018).

Denominado de *e-Health* (ROYO, 2020), a tecnologia aplicada à saúde vem alcançado incontáveis áreas da medicina, desenvolvendo-se em velocidade substancial. Para a autora, "Esse modelo de saúde digital fornece um conjunto de ferramentas e serviçs, como a medicina personalizada, o prontuário eletrônico, a utilização de dispositivos móveis (*mHealth*), a telemedicina, a internet das coisas (*IoT*), a inteligência artificial (*IA*), o *big data* e o *cloud computing* (ROYO, 2020).

Inobstante a etapa de evolução da tecnologia (PEREIRA FILHO, 2018), resta imperioso concluir que a principal problemática se dá na possibilidade – ou não – de compatibilização da implementação das novas tecnologias com a ética médica considerada nacionalmente.

1.2. Ética médica aplicada à temática: novas tecnologias vs. diretrizes éticas

A ética médica brasileira é regulamentada, em seu campo geral, pelo Código de Ética Médica[1] (também chamado de "Código Deontológico"), que, em síntese, discrimina os direitos, deveres e princípios aplicáveis à medicina. Traduz-se, pois, na "Lei Maior" da ética médica.

Por questões organizacionais, o Código de Ética Médica é exteriorizado por meio de uma Resolução (Resolução nº 2.217, de 27 de setembro de 2018[2]), emanada do Conselho Federal de Medicina, ente responsável, em último grau, pela análise ético-profissional dos profissionais médicos.

Dos princípios fulcrais que regulamentam a arte médica, podemos exemplificar uma base ensejadora da discussão sobre a implementação tecnológica: a poder-dever de utilizar, em prol da assistência à saúde, do melhor progresso científico: "V – Compete ao médico aprimorar continuamente seus conhecimentos e usar o melhor do progresso científico em benefício do paciente e da sociedade" (CONSELHO FEDERAL DE MEDICINA, 2019).

Pode-se citar, ainda, dois outros princípios,

> XXV – Na aplicação dos conhecimentos criados pelas novas tecnologias, considerando-se suas repercussões tanto nas gerações presentes quanto nas futuras, o médico zelará para que as pessoas não sejam discriminadas por nenhuma razão vinculada à herança genética, protegendo-as em sua dignidade, identidade e integridade. XXVI – A medicina será exercida com a uti-

[1] Sobre este ponto, vale a reflexão trazida pelo jurista Genival V. França, "(...) há algum tempo atrás, pontificava na elaboração de um Código desta natureza a simples ordenação de regras corporativas, quando os grupos mais elitizados de cada categoria imprimiam a filosofia e a tendência de sua aplicação. Atualmente, espera-se que esses estatutos ganhem mais espaço e liberdade, no sentido de não enfocar a relação do profissional com o seu assistido como uma simples conquista do corporativismo. Não há nenhum exagero em dizer-se que há motivos políticos e sociais que começam a reclamar dos profissionais uma posição mais coerente com a realidade que se vive. Assim, um Código de Ética que não for sensível às necessidades de conciliar seus fundamentos com a prática profissional digna, em favor dos pacientes e da coletividade, é um mau Código" (FRANÇA, 2020).

[2] A Resolução nº 2.217/2018 foi modificada pelas Resoluções CFM nº 2.222/2018 e 2.226/2019.

lização dos meios técnicos e científicos disponíveis que visem aos melhores resultados (CONSELHO FEDERAL DE MEDICINA, 2019).

Destarte, verifica-se que o Código de Ética Médica preleciona as disposições básicas para o exercício da medicina, entregando a Resoluções específicas a regulamentação sobre temáticas individualmente consideradas, tais como a telemedicina e a medicina genética.

2. Regulamentação das novas tecnologias pelo Conselho Federal de Medicina e Conselhos Regionais: a ética em jogo

As novas tecnologias, em síntese, encontram regulamentação pelo Conselho Federal de Medicina, com atuação descritiva pelos Conselhos Regionais de Medicina. Diversas são as tecnologias regulamentadas, tais como as tecnologias da comunicação em saúde[3], aplicação de tecnologia para prestação de serviços de anatomopatologia[4], e, principalmente, a telemedicina[5].

2.1. Telemedicina: a tecnologia internalizada e a Resolução nº 2.314/2022, do Conselho Federal de Medicina

Exemplo da influência tecnológica em campo médico, a telemedicina foi, enfim, regulamentada pelo Conselho Federal de Medicina, viabilizando a sua utilização em todo o território nacional: trata-se da Resolução nº 2.314/2022, publicada em 05 de maio de 2022.

Tal Resolução, a exemplo de outras regulamentações do Conselho Federal de Medicina, tratou de questões basilares do tema, delimitando a utilização, expondo as razões para a regulamentação e traçando diretrizes éticas e médicas, sob o prisma da autonomia do profissional médico

[3] Resolução nº 2.325/2022, do Conselho Federal de Medicina ("Define e disciplina o uso de tecnologias de comunicação na avaliação médico pericial").

[4] Resolução nº 2.264/2019, do Conselho Federal de Medicina ("Define e disciplina a telepatologia como forma de prestação de serviços de anatomopatologia mediados por tecnologias").

[5] Em síntese, a Resolução nº 2.314/2022 traz a classificação de "telemedicina" em seu art. 1º: Definir a telemedicina como o exercício da medicina mediado por Tecnologias Digitais, de Informação e de Comunicação (TDICs), para fins de assistência, educação, pesquisa, prevenção de doenças e lesões, gestão e promoção de saúde.

e do paciente. Trouxe, de forma minuciosa, a extensão da terminologia "TDICs" (Tecnologias Digitais, de Informação e de Comunicação).

Segundo o Conselho Federal de Medicina, a fim de classificar o termo "telemedicina", traçou o seguinte conceito, inserto no art. 1º, da Resolução nº 2.314/2022, trazendo, ainda, o âmbito de aplicação (art. 2º),

> Art. 1º Definir a telemedicina como o exercício da medicina mediado por Tecnologias Digitais, de Informação e de Comunicação (TDICs), para fins de assistência, educação, pesquisa, prevenção de doenças e lesões, gestão e promoção de saúde.
>
> Art. 2ºA TELEMEDICINA, em tempo real on-line (síncrona) ou off-line (assíncrona), por multimeios em tecnologia, é permitida dentro do território nacional, nos termos desta resolução (CONSELHO FEDERAL DE MEDICINA, 2022).

Insta salientar, por ocasião da presente regulamentação, que o termo "telemedicina" consubstancia um gênero, do qual decorrem diversas espécies, a saber: teleconsulta[6], teleinterconsulta[7], telediagnóstico[8],

[6] Art. 6º, Res. 2.314/2022, CFM. A TELECONSULTA é a consulta médica não presencial, mediada por TDICs, com médico e paciente localizados em diferentes espaços. § 1ºA consulta presencial é o padrão ouro de referência para as consultas médicas, sendo a telemedicina ato complementar.§ 2º Nos atendimentos de doenças crônicas ou doenças que requeiram acompanhamento por longo tempo deve ser realizada consulta presencial, com o médico assistente do paciente, em intervalos não superiores a 180 dias.§ 3º O estabelecimento de relação médico-paciente pode ser realizado de modo virtual, em primeira consulta, desde que atenda às condições físicas e técnicas dispostas nesta resolução, obedecendo às boas práticas médicas, devendo dar seguimento ao acompanhamento com consulta médica presencial.§ 4ºO médico deverá informar ao paciente as limitações inerentes ao uso da teleconsulta, em razão da impossibilidade de realização de exame físico completo, podendo o médico solicitar a presença do paciente para finalizá-la.
§ 5º É direito, tanto do paciente quanto do médico, optar pela interrupção do atendimento a distância, assim como optar pela consulta presencial, com respeito ao Termo de Consentimento Livre e Esclarecido pré-estabelecido entre o médico e o paciente.

[7] Art. 7º, Res. 2.314/2022, CFM. A TELEINTERCONSULTA é a troca de informações e opiniões entre médicos, com auxílio de TDICs, com ou sem a presença do paciente, para auxílio diagnóstico ou terapêutico, clínico ou cirúrgico.

telecirurgia[9], telemonitoramento (ou televigilância)[10], teletriagem[11] e teleconsultoria[12], nos termos do art. 5º, desta Resolução.

2.2. Cirurgias robóticas, telecirurgias robóticas e as diretrizes éticas e regulamentares: a Resolução nº 2.311/2022, do Conselho Federal de Medicina

As cirurgias robóticas foram regulamentadas pelo Conselho Federal de Medicina ainda no ano de 2022, por meio da Resolução nº 2.311/2022. Assim como ocorreu com a telemedicina, a presente Resolução traçou as diretrizes éticas e regulamentares aplicáveis à espécie, conferindo maior segurança aos profissionais médicos.

Apesar de uma regulamentação mais abrangente, o art. 6º, desta Resolução, traz à baila a discussão consonante ao presente estudo: a telecirurgia robótica.

Segundo o art. 6º, da Resolução,

[8] Art. 8º, Res. 2.314/2022, CFM. O TELEDIAGNÓSTICO é o ato médico a distância, geográfica e/ou temporal, com a transmissão de gráficos, imagens e dados para emissão de laudo ou parecer por médico com registro de qualificação de especialista (RQE) na área relacionada ao procedimento, em atenção à solicitação do médico assistente.

[9] Art. 9º, Res. 2.314/2022, CFM. A TELECIRURGIA é a realização de procedimento cirúrgico a distância, com utilização de equipamento robótico e mediada por tecnologias interativas seguras.

[10] Art. 10, Res. 2.314/2022, CFM. O TELEMONITORAMENTO ou TELEVIGILÂNCIA médica é o ato realizado sob coordenação, indicação, orientação e supervisão por médico para monitoramento ou vigilância a distância de parâmetros de saúde e/ou doença, por meio de avaliação clínica e/ou aquisição direta de imagens, sinais e dados de equipamentos e/ou dispositivos agregados ou implantáveis nos pacientes em domicílio, em clínica médica especializada em dependência química, em instituição de longa permanência de idosos, em regime de internação clínica ou domiciliar ou no translado de paciente até sua chegada ao estabelecimento de saúde.

[11] Art. 11, Res. 2.314/2022, CFM. A TELETRIAGEM médica é o ato realizado por um médico, com avaliação dos sintomas do paciente, a distância, para regulação ambulatorial ou hospitalar, com definição e direcionamento do paciente ao tipo adequado de assistência que necessita ou a um especialista.

[12] Art. 12, Res. 2.314/2022, CFM. A TELECONSULTORIA médica é ato de consultoria mediado por TDICs entre médicos, gestores e outros profissionais, com a finalidade de prestar esclarecimentos sobre procedimentos administrativos e ações de saúde.

> Art.6º A telecirurgia robótica é a realização de procedimento cirúrgico a distância com utilização de equipamento robótico, mediada por tecnologias interativas seguras. §1ºA telecirurgia robótica somente poderá ser realizada com infraestrutura adequada e segura de funcionamento de equipamento, banda de comunicação eficiente e redundante, estabilidade no fornecimento de energia elétrica e segurança eficiente contra vírus de computador ou invasão de hackers. §2ºA equipe médica cirúrgica principal para a telecirurgia deve ser composta, no mínimo, por médico operador do equipamento robótico (cirurgião remoto), cirurgião presencial e cirurgião auxiliar (CONSELHO FEDERAL DE MEDICINA, 2022).

Em síntese, seguindo as diretrizes biotecnológicas e a regulamentação trazida pelo Conselho Federal de Medicina, tem-se que a telecirurgia robótica possibilita que o paciente, em vertente assistencial, seja submetido a procedimento cirúrgico realizado à distância, com apoio de tecnologias robóticas invasivas e interativas. Trata-se, pois, de substancial avanço na regulamentação médica, ao passo que viabiliza a implementação de instrumentos e ferramentas de inteligência artificial à medicina.

3. Inteligência artificial aplicada à medicina

Com o advento da sociedade da informação e de todo o avanço tecnológico que se perpassa ao longo dos anos, a inteligência artificial surgiu como ficção científica em filmes como, por exemplo, "A.I. – Inteligência Artificial"[13], de 2001, do aclamado diretor Steven Spielberg, trazendo na trama a criação de um menino robô, que desperta em si sentimentos, para substituição a um filho falecido de um casal.

Ocorre que a inteligência artificial transcendeu a barreira da ficção científica e é mais real e presente do que possamos imaginar e, a fim de que possamos compreender a inteligência artificial, torna-se importante sua conceituação.

3.1. Conceito e evolução de inteligência artificial

Inteligência artificial pode ser conceituada, nas palavras de Barreto Junior e Venturi Junior, como

[13] Disponível em www.primevideo.com

> a tecnologia informática desenvolvida com o intuito de oferecer soluções para perguntas humanas, com crescente probabilidade estatística de acerto, questões cujas respostas exigem a simulação da capacidade humana de raciocinar, perceber, tomar decisões e resolver problemas (BARRETO JUNIOR; VENTURI JUNIOR, 2020)

Neste mesmo sentido podemos compreender inteligência artificial como uma "ciência experimental, que envolve o estudo da representação do conhecimento (cognição), raciocínio e aprendizagem, percepção dos problemas e ação ou solução dos mesmos" (RUSSELL; NORVIG, 2013 *apud* BLUM; RODRIGUES, 2020).

Já em um aspecto mais autônomo de inteligência artificial, ou seja, um conceito mais desvinculado da pessoa humana por trás dele, Archegas e Maia definem inteligência artificial como

> um braço da computação cujo objetivo primordial é desenvolver programas computacionais capazes de automatizar ações inteligentes. Naturalmente, pesquisadores que trabalham nessa linha têm como referência a inteligência humana e, assim, buscam desenvolver mecanismos capazes de observar, aprender, pensar e agir como humanos. (ARCHEGAS; MAIA, 2022)

Em meio a tantos conceitos e tanta evolução tecnológica, ainda é notório, e digno de uma ampla reflexão, que não há um consenso sobre como exatamente definirmos o que realmente é uma inteligência artificial.

Remontando ao desenvolvimento histórico da inteligência artificial, há diversas variantes históricas que tratam da temática em comento, sempre aguçando e fomentando pesquisas por todo o mundo, pois a inteligência artificial contradiz, no termo propriamente dito, uma inteligência natural, ou seja, a inteligência humana, capaz de pensar, sendo a inteligência artificial uma "cópia". Com isso, Alan Turing traz a reflexão através de um exercício, chamado Teste de Turing, que se inicia com a pergunta: As Máquinas Podem Pensar? (TURING, 1950)[14].

[14] O artigo original foi publicado em 1950. É reimpresso em 2004 pela Universidade de Oxford.

Neste exercício, se uma máquina conseguisse convencer um interrogador humano de que ela também é humana, seria considerada inteligente (ARCHEGAS; MAIA, 2022).

Nesta senda de implementação de inteligência artificial podemos observar máquinas que jogam xadrez (jogo este que exige do jogador um alto nível de habilidades). Óbvio que com a constante evolução, novos sistemas de inteligência artificial foram – e ainda serão – desenvolvidos a fim de aperfeiçoar a inteligência artificial. Esse desenvolvimento

> foca, basicamente, em cinco dimensões ou habilidades humanas que são comumente associadas à inteligência. São elas: (1) Aprendizagem (automatizada por erro e acerto ou, de forma mais sofisticada, por generalização); (2) Raciocínio (que pode ser subdividido em sistemas dedutivos e indutivos); (3) Solução de problemas (quando um sistema avalia um universo de ações e adota aquela que conduz à concretização de um objetivo pré-definido, como a vitória em uma partida de xadrez); (4) Percepção (veja-se o exemplo trabalhado anteriormente do carro semiautônomo da Tesla); e (5) Domínio da linguagem (é o caso dos processadores de linguagem natural, como o avançado **GPT**-3 da Open**AI**, e os mais comuns *chatbots*) (COPELAND, 2022 apud ARCHEGAS; MAIA, 2022)

Com todo o desenvolvimento tecnológico constante, a inteligência artificial já é utilizada em várias frentes, como por exemplo

> em sistemas de busca, em plataformas e robôs de comunicação, no reconhecimento facial e de fala, em sistemas inteligentes de orientação de tráfego, em decisões administrativas ou judiciais automatizadas, em sistemas automatizados de assistência veicular, em diagnósticos e terapias médicas, na Smart Home, em sistemas de produção ciberfísica (Indústria 4.0), mas também no setor militar (HOFFMANN-RIEM, 2022)

Entre as diversas frentes que possuem utilização da inteligência artificial, nossos olhos e atenção voltam àquelas empregadas na medicina como um todo, haja vista ser o foco principal deste artigo, conforme já explanado em parte introdutória. Neste contexto, a inteligência artificial pode beneficiar a humanidade sobremaneira, porém, há muitos desafios a serem superados, principalmente no que tange à ética e direitos humanos.

3.2. O encontro entre inteligência artificial e medicina perante a evolução tecnológica

A inteligência artificial é algo que revolucionou a tecnologia do modo como a vemos. Ela provoca pensamentos que podem nos remeter a futuros utópicos e distópicos (ROCHA, 2022). Questões jurídicas e principalmente éticas tomam conta de nossas reflexões, pois o avanço da inteligência artificial, ainda mais nesse contexto da medicina, pode submeter o próprio ser humano à mercê das máquinas. A inserção da inteligência artificial no campo da medicina não pode conduzir a sociedade a ignorar o ser humano, na condição de médico, em prol da máquina, pois senão estaríamos retrocedendo ao período em que "a arte médica ora estava nas mãos dos feiticeiros, ora nas dos sacerdotes, pois eram a saúde e a doença simples desígnios da divindade" (FRANÇA, 2020).

Esse pensamento antigo dava um entendimento de que a medicina era algo conferido por um ente divino. E, se parearmos essa cultura e utilizarmos de paralelismo cultural, teríamos nos dias atuais a medicina "nas mãos" da inteligência artificial?

Notório é que a sociedade da informação, junto aos avanços tecnológicos, trouxe a inteligência artificial como ferramenta a auxiliar a medicina nos mais complexos diagnósticos e cirurgias, mas deixar sob total responsabilidade das máquinas e confiar plenamente na inteligência artificial poderia soar como uma renúncia à dignidade da pessoa humana no campo da medicina como um todo, uma vez que, além, confiarmos nossas vidas completamente às máquinas, haveria a afastabilidade do ser humano, como médico, na linha de frente, pois bastaria um programador para a devida manutenção da máquina. É preciso, pois, mitigar o risco de gerar a total afastabilidade da conduta do profissional médico (ato médico em si), para o fim de conferir à medicina a utilização da inteligência artificial como mais uma ferramenta para auxílio dos profissionais atuantes, e não uma substituição de tal profissional.

Superada essa reflexão, temos nessa junção de inteligência artificial e medicina ferramentas que, se bem aplicadas, propiciam o dinamismo tecnológico à luz dos preceitos éticos e jurídicos, tratados anteriormente, junto à sociedade como um todo. Nesse aspecto, podemos ver a inserção, no âmbito da saúde, das TDIC (Tecnologias Digitais de Informação e Comunicação) como ferramentas que ocasionaram significativa contribuição tanto para a melhoria da qualidade no atendimento nas ações de cuidado de um paciente, quanto na gestão das organizações de saúde (DUARTE; *et al.* 2019). Neste particular, poderíamos dizer que na área da saúde temos as TDIS (Tecnologias Digitais de Informação para a Saúde), tudo em decorrência do dinamismo advindo da constante evolução na sociedade da informação. Sobre o tema,

> O que realmente se vê no contexto das organizações de saúde é que o ato de coletar, processar, registrar e buscar informações passou a fazer parte dos atendimentos diários dos profissionais em unidades de saúde. Assim, toda tecnologia nova que surge muda a rotina desses profissionais, e tais mudanças tornam-se cada vez mais intensas, devido ao caráter dinâmico da inclusão das TDIC na área da saúde, mais especificamente no que se referem aos SIS[15], nos seus diferentes aspectos e níveis de atividades. (SALES; PINTO, 2019)

Neste mesmo sentido

> É fato que a área das ciências da saúde vive uma constante onda de revolução tecnológica, afetando tanto os diversos subcampos como as atividades de cuidados do paciente. O que nos chama mais atenção, de modo positivo, é a redução do uso do termo 'tecnologia' restrito apenas a equipamentos, e mais ainda, a equipamentos médicos. Todavia, a tecnologia vem sendo entendida como um conjunto de ferramentas e elementos, que abrange, além dos equipamentos, as ações de trabalho, incluindo os conhecimentos e ações necessárias para operá-los, ou seja, o saber e seus procedimentos. (SALES; PINTO, 2019)

[15] A Organização Mundial da Saúde define SIS como um conjunto de componentes que atuam de forma integrada por meio de mecanismos de coleta, processamento, análise e transmissão da informação necessária e oportuna para implementar processos de decisões no Sistema de Saúde. Seu propósito é selecionar dados pertinentes e transformá-los em informações para aqueles que planejam, financiam, provêm e avaliam os serviços de saúde.

Assim, é possível verificar que a aproximação entre tecnologia e medicina, à luz da sociedade da informação, sedimenta cada vez a importância da inteligência artificial junto às ciências da saúde. É clarividente que questões jurídicas, éticas e técnicas, entre outras, devem sempre ser aventadas ao debate, pois essa fusão em prol da sociedade possui tanto aspectos positivos como negativos. Está-se, no presente caso, tratando de máquinas que estão lidando com vidas humanas, em um cenário que a simples análise, num aspecto mais algorítmico, pode trazer consequências severas.

Ao tratarmos da temática envolvendo inteligência artificial, fala-se de uma tecnologia que alterou significativamente a relação entre médico e paciente, uma tecnologia que pode colocar o ser humano em uma condição de mero espectador da máquina. Esse é um ponto sensível a ser discutido, pois a finalidade da medicina é o ser humano, com o intuito de prevenir e combater doenças, proporcionando uma boa qualidade de vida e bem-estar.

Nesse sentido Rocha traz uma reflexão importante

> A inteligência artificial está associada não apenas a uma ideia de inteligência "não-humana", mas também a uma inteligência "sobre-humana", tendo em conta a sua capacidade de computação, de análise e de celeridade na resolução de problemas. A esta percepção de uma inteligência "sobre-humana" está também associada a ideia de uma inteligência que diminui a margem de erro, porque, afinal, "errar é humano". No entanto, o reconhecimento das potencialidades da inteligência artificial é acompanhado, simetricamente, pelo receio de que essa inteligência "sobre-humana" se sobreponha ao humano, que dele se apodere, que o conduza à sua perdição. Esta tensão, entre a inovação e os riscos que ela comporta, está no âmago da problemática do uso da inteligência artificial. Não obstante, esta é uma realidade que, de modo difuso, mas abrangente, penetra no quotidiano de todos aqueles que fazem uso de tecnologia tão banal como um smartphone ou um motor de busca na Internet. (ROCHA, 2022)

Observemos então, por esse prisma, que deve haver uma preocupação sobre diversos pontos que tangenciam a utilização de inteligência artificial na medicina, tanto que a União Europeia, por meio de Resolução, em

16 de fevereiro de 2017[16], aventa sobre a importância do ser humano em detrimento de robôs sem, contudo, desqualificar as máquinas, deixando frisado o quão importante são no mundo atual,

> 32. Destaca que o contacto humano é um dos aspetos fundamentais do cuidado humano; considera que substituir o fator humano por robôs pode desumanizar as práticas de assistência mas, por outro lado, reconhece que os robôs poderiam realizar tarefas automatizadas de prestação de cuidados e assim facilitar o trabalho dos assistentes, aumentando consideravelmente os cuidados de saúde prestados por humanos e tornando o processo de reabilitação mais focalizado, permitindo ao pessoal médico e aos prestadores de cuidados dedicar mais tempo ao diagnóstico e à procura de melhores opções de tratamento; salienta que embora a robótica tenha potencial para aumentar a mobilidade e a integração das pessoas com deficiência e dos idosos, as pessoas que prestam cuidados de saúde continuarão a ser necessárias e a constituir uma importante fonte de interação social que não é totalmente substituível;
>
> 33. Sublinha a importância da educação, da formação e da preparação adequadas para profissionais da saúde, como médicos e prestadores de cuidados, a fim de assegurar o mais elevado nível possível de competência profissional, bem como salvaguardar e proteger a saúde dos doentes; realça a necessidade de definir os requisitos profissionais mínimos que um cirurgião tem de cumprir para poder operar e recorrer a robôs cirúrgicos; considera que é essencial respeitar o princípio da autonomia supervisionada dos robôs, segundo o qual caberá sempre a um cirurgião humano estabelecer o plano inicial de tratamento e tomar a decisão final relativa à sua execução; destaca a relevância especial da formação para os utilizadores para se familiarizarem com os requisitos técnicos neste âmbito; chama a atenção para a tendência crescente no sentido de um autodiagnóstico recorrendo a robôs móveis e, por conseguinte, alerta para a necessidade de os médicos receberem formação para fazerem face a casos de autodiagnóstico; considera que a utilização de uma tal tecnologia não deve afetar nem prejudicar a relação entre um médico e o paciente, devendo, pelo contrário, assistir os médicos na realiza-

[16] Disponível em <https://www.europarl.europa.eu/doceo/document/TA-8-2017-0051_PT.html>. Acesso em 27 nov.2022.

ção do diagnóstico e/ou tratamento dos doentes, a fim de reduzir o risco de erros humanos e de aumentar a qualidade e a esperança de vida;
34. Considera que os robôs médicos continuam a abrir caminho na execução de cirurgias de alta precisão e de procedimentos repetitivos e têm potencial para melhorar os resultados da reabilitação e prestar apoio logístico altamente eficaz nos hospitais; observa que os robôs médicos têm igualmente potencial para reduzir os custos relacionados com os cuidados de saúde, permitindo que os profissionais centrem a sua atenção na prevenção e não no tratamento e disponibilizando mais recursos orçamentais para uma melhor adaptação à diversidade das necessidades dos doentes, para a formação contínua dos profissionais de saúde e para a investigação (PARLAMENTO EUROPEU, 2017).

Há, na medicina, a implementação de diversas ferramentas dotadas de inteligência artificial que auxiliam nas mais variadas áreas da saúde. Temos, por exemplo, a *Merative*, que anteriormente se chamava *IBM Watson Health*, voltada às pesquisas médicas e serviços de saúde por meio do uso de inteligência artificial, análise de dados e computação em nuvem, e outras tecnologias de informação avançadas. Há também o robô-cirurgião *Da Vinci*, que realiza cirurgias com muita precisão e maior exatidão do que o ser humano, revolucionando o campo da medicina. Contudo, como bem aponta Nogaroli

> há uma série de impactos éticos e legais que devem ser ponderados ao se utilizar essa tecnologia, dentre eles: capacitação do profissional, privacidade e proteção de dados do paciente, lei aplicável (tendo em vista os possíveis conflitos de jurisdição), consentimento informado, limitações da tecnologia etc. (NOGAROLI, 2020)

Dois pontos que devem ser levados em consideração quando falamos em análise de dados voltados à medicina e quando falamos em utilização de robôs-cirurgiões, estão no campo dos algoritmos e da responsabilidade civil, respectivamente. Sobre algoritmos, os resultados obtidos, por mais avançados e precisos que possam ser, são projetados a partir de informações coletadas e previamente disponibilizadas. Os resultados são promissores, porém, produzidos por uma máquina. Se porventura um médico divergir em sua análise, como solucionar? Quem estaria errado? A máquina, baseada em dados, ou o médico, pautado em seus conhecimentos profissionais?

Já ao falarmos em procedimentos cirúrgicos, sobre quem recai a responsabilidade por erro médico? Sobre a máquina ou o ser humano?

Nesse aspecto, mais uma vez nos socorremos aos estudos de Nogaroli,

> A grande complexidade na análise da responsabilidade civil dá-se sobretudo na determinação de quem efetivamente causou o evento danoso e, portanto, se a hipótese é de defeito no produto (ou nas informações prestadas pelo fabricante), erro médico (negligência, imprudência ou imperícia) ou, ainda, responsabilidade do hospital, seja solidariamente ao médico (cuja culpa foi reconhecida) ou por falha no próprio serviço hospitalar (pessoal auxiliar, treinamento inadequado de médicos e outros profissionais, defeito em instalações, nas dependências do estabelecimento etc.) (NOGAROLI, 2020)

Ao arremate, lembremos que há robôs autônomos e que talvez os princípios éticos da medicina ainda não consigam atingi-los, haja vista que o "Juramento de Hipócrates", assim como todos os outros juramentos, em qualquer área profissional, são dotados de sentimentalismo, de orgulho em se dedicar à profissão de acordo com o respectivo juramento. É dizer: sentimentos estritamente humanos, em íntima ligação entre ética médica e atuação do profissional médico.

Conclusões

Ao cabo da introdução foi feita a pergunta: é possível compatibilizar a ética médica tradicional com as novas tecnologias e inteligência artificial?

Como resposta, acreditamos que é possível tal compatibilização. É evidente o quanto a inteligência artificial revolucionou a maneira de se fazer medicina, uma vez que a evolução tecnológica propiciou uma revolução nos meios de se realizar exames, identificar anomalias no organismo humano, a realização de cirurgias, entre outras ações que há poucos anos não seria possível.

É cediço que ainda há muito a se desbravar neste campo, porém, diversas autoridades ao redor do mundo, principalmente na Europa, já se debruçam sobre as implicações decorrentes no uso da inteligência artificial na medicina, pois o avanço da tecnologia neste ramo é tão acentuada que já temos robôs-cirurgiões autônomos, o que gera uma enorme preocupação sobre possíveis responsabilidades, caso ocorra um erro de procedimento médico, assim como a intensa discussão de respeitabilidade, pelo uso da máquina, às diretrizes éticas e aos direitos humanos.

A temática não se esgota por aqui, haja vista que o assunto é muito mais vasto do que se apresenta na reflexão aqui apresenta, contudo, podemos concluir que acreditamos na compatibilização entre a ética médica tradicional e as novas tecnologias e inteligência artificial, porém, ainda é prematuro prever quando isso ocorrerá efetivamente. É imperioso concluir que tal compatibilização somente será plenamente alcançada quando as tecnologias e inteligência artificial forem efetivamente regulamentadas e compreendidas sob um aspecto ético, de modo a propiciar equilíbrio entre atuação médica e tecnologias. O ser humano, profissional atuante na medicina, deve sempre se colocar como protagonista do ato médico, sob pena de desvirtuamento da medicina assistencial e das ciências médicas.

Sabemos que errar é humano, mas e quando o erro partir de uma máquina? Este é o dilema.

Referências

ARCHEGAS, João Victor; MAIA, Gabriella. **O que é inteligência artificial (IA)? Análise em três atos de um conceito em desenvolvimento** *in* Cadernos Adenauer XXIII (2022), n. 2. Inteligência artificial: aplicações e implicações. Rio de Janeiro: Fundação Konrad Adenauer, junho 2022.

BARRETO JUNIOR, Irineu Francisco; VENTURI JUNIOR, Gustavo. Inteligência Artificial e seus efeitos na Sociedade da Informação *in* **O Direito na Sociedade da Informação IV**. Coord: Roberto Senise Lisboa. São Paulo: Almedina, 2020.

BLUM, Renato Opice; RODRIGUES, Paula Marques. Considerações sobre a Responsabilidade Civil aplicada à Inteligência Artificial *in* **O Direito na Sociedade da Informação IV**. Coord: Roberto Senise Lisboa. São Paulo: Almedina, 2020.

DUARTE, Gustavo; *et al.* **Reflexos da Lei Geral de Proteção de Dados Pessoais na área da saúde.** *in* Medicina e direito: artigos e banners premiados no IX Congresso Brasileiro de Direito Médico. Conselho Federal de Medicina. Brasília: CFM, 2020.

FIORILLO, Celso Antônio P. ***Princípios constitucionais do direito da sociedade da informação : a tutelajurídica do meio ambiente digital,*** *1ª edição.*, Editora Saraiva, 2014.

FRANÇA, Genival Veloso D. **Direito Médico**. 17ª Edição. Grupo GEN, 2020.

HIPÓCRATES. **Juramento de Hipócrates**. Disponível em: <https://www.cremesp.org.br/?siteAcao=Historia&esc=3>. Acesso em 15 nov. 2022.

HOFFMANN-RIEM, Wolfgang. **Teoria Geral do Direito Digital:** *Transformação Digital Desafios para o Direito.* Rio de Janeiro: Forense, 2022.

LISBOA, Roberto Senise. **O Direito na Sociedade da Informação V**. São Paulo: Almedina, 2020.

LOBO, Luiz Carlos. **Inteligência Artificial e Medicina.** *in* Revista Brasileira de Educação Médica. São Paulo: SciELO, 2017.

NOGAROLI, Rafaella. **Implicações ético-jurídicas da medicina robótica e inteligência artificial em cirurgias e cuidados em saúde.** *in* Medicina e direito: artigos e banners premiados no IX Congresso Brasileiro de Direito Médico. Conselho Federal de Medicina. Brasília: CFM, 2020.

NOGAROLI, Rafaella; SILVA, Rodrigo da Guia. **Inteligência artificial na análise diagnóstica: benefícios, riscos e responsabilidade do médico.** *in* Debates contemporâneos em direito médico e da saúde. São Paulo: Thomson Reuters Brasil, 2020.

PEREIRA FILHO, Antônio. **O avanço da tecnociência médica e dos custos: um dilmea bioético**. *In* PEREIRA FILHO, Antônio; MARQUES FILHO, José, coord. Bioética: dilemas e diálogos. São Paulo : Conselho Regional de Medicina do Estado de São Paulo e Câmara Técnica Interdisciplinar de Bioética, 2018.

PEREIRA FILHO, Antônio; MARQUES FILHO, José, coord. **Bioética: dilemas e diálogos.** São Paulo : Conselho Regional de Medicina do Estado de São Paulo e Câmara Técnica Interdisciplinar de Bioética, 2018.

REZENDE, J. M. **O Juramento de Hipócrates. In: À sombra do plátano: crônicas de história da medicina** [online]. São Paulo: Editora Unifesp, 2009, pp. 31-48. História da Medicina series, vol. 2. ISBN 978-85-61673-63-5.

ROCHA, Miriam. Virtualidades e limites do direito face ao potencial discriminatório do uso da inteligência artificial na saúde. *in* **Inteligência Artificial e Robótica:** *desafios para o direito do século XXI.* Coord.: Eva Sónia Moreira da Silva e Pedro Miguel Freitas. Coimbra: GESTLEGAL, 2022.

ROYO, Mayara Medeiros. **E-Health e a proteção de dados genéticos.** *In* Medicina e direito: artigos e banners premiados no IX Congresso Brasileiro de Direito Médico. Conselho Federal de Medicina. Brasília: CFM, 2020.

SALES, Odete Máyra Mesquita; PINTO, Virgínia Bentes. **Tecnologias digitais de informação para a saúde: revisando os padrões de metadados com foco na interoperabilidade**. Revista Eletrônica De Comunicação, Informação & Inovação Em Saúde, 2019.

SENISE, Lisboa, R. ***O direito na sociedade da informação: movimentos sociais, tecnologia e a atuação do Estado.*** *v.4. (Coleção obras coletivas).* Grupo Almedina (Portugal), 2020.

TURING, Alan. **Computing Machinery and Intelligence** *in The Essential Turing: Seminal Writings in Computing, Logic, Philosophy, Artificial Intelligence, and Artificial Life: Plus The Secrets of Enigma.* New York: Clarendon, 2004.

6.
INTELIGÊNCIA ARTIFICIAL E A DECISÃO JUDICIAL: BENEFÍCIOS E RISCOS A DEMOCRACIA

Alan Rocha Martins
Valdir Rodrigues De Sá

Introdução

A chegada da internet facilitou a vida das pessoas de maneira irreversível e transformou a maneira a qual vivemos dando vozes a todos. Portanto benefícios não faltam, propiciados pela chegada da internet, a lista seria imensa e seria certo que esqueceríamos muitos, se resolvêssemos listá-los, isso se dá a termo da Sociedade da Informação, cada vez mais difundida e utilizado no cotidiano, especialmente para fazer menção a estruturação das sociedades dominantemente capitalistas, com veloz crescimento tecnológico, capaz de conectar o mundo inteiro após a década de 1980.

Deste modo, visto que devem valer para todos os indivíduos inseridos na sociedade contemporânea os direitos fundamentais que conformam o Estado Democrático de Direito, é salutar determinar os limites da atuação das ferramentas tecnológicas para entendimento dos benefícios e riscos no uso sob o arrimo da Constituição Cidadã.

Toda esta transformação também chegou ao judiciário, especialmente, no fato de que as digitalizações do processo é uma realidade no Brasil, e nos processos, por exemplo, que podem ser julgados antecipadamente, sem instrução, as partes nem seus procuradores vão aos fóruns, fazem tudo do seu escritório ou até mesmo de caso, precisando apenas de um computador e da internet.

Com o avanço do uso desta tecnologia revolucionária, concomitantemente, temos também a guinada da inteligência artificial, que se conceitua, como veremos, como a capacidade da máquina em fazer tarefas que até então seria apenas dos homens, se utilizando de habilidades como o raciocínio, planejamento etc., para suas concretizações.

Nesse estudo tentaremos demonstrar quais os benefícios e quais os males que a inteligência artificial aplicada nas decisões judiciais pode trazer aos usuários da justiça, refletindo sobre o questionamento se uma máquina é capaz de sentenciar a medida de resguardar todos os prismas do acesso ajustiça como arrimo da democracia.

Mostraremos no estudo que a questão é polêmica e requer cuidado e que o judiciário brasileiro não tem como intenção, pelos menos, atualmente, de se utilizar da inteligência artificial para tal fim, mas tão somente como uma auxiliar na separação de processos de acordo com o assunto, entre outros afazeres que auxiliam o juiz inicialmente, mas quem sentencia é sempre ele, ou no caso dos tribunais, a turma ou câmara, com seus acórdãos.

Vemos com bons olhos a forma como a inteligência artificial é hoje utilizada no Brasil, como um meio que auxilia no andamento dos processos e reconhece neles especificidades que auxiliam aos juízes, de antemão, ou seja, mesmo antes de abrirem o processo, a saberem do que se trata, mas temos grandes ressalvas à utilização desta ferramenta no futuro como um fim no processo, emitindo a decisão final, a sentença.

A decisão judicial é uma das maiores conquistas em um Estado Democrático de Direito e a sua emissão, deve ser feita por um ser humano, com suas capacidades, sentimentos e convicções, que lhes são peculiares, sob pena de ofendermos a democracia e causarmos danos irreparáveis aos que se socorrem da justiça.

Sendo assim, não podemos afirmar que um dia a máquina não adquira estas capacidades e possa substituir o ser humano nesta tarefa, mas, pelo menos nos dias de hoje, podemos afirmar que é inviável, não somente pela tecnologia, que talvez seja possível, mas por causa da ética e da sociedade, que ainda não está preparada para tal avanço.

Por enquanto, fiquemos com o juiz humano, que mesmo com suas falhas, que por sinal, podem ser corrigidas em outras instâncias, traz consigo a intenção de aplicar a justiça da melhor forma e se utilizando da sua consciência, coisa que a máquina, hoje, não tem.

1. Decisão judicial e fundamentação

A decisão judicial é um dos baluartes do Estado Democrático de Direito e assegura que o usuário do sistema judicial, fundamentados em princípios constitucionais como o devido processo legal e do contraditório e ampla defesa, possa efetivamente garantir os seus direitos conquistados na lide, diante do arcabouço probatório que prove ser ele o detentor do direito posto em julgamento.

Nesta direção a decisão judicial parte da norma em escrito e da apreensão dos fatos, de acordo como se mostram as provas, concretizando-se o direito com o desfecho contido na decisão[1].

Ainda nas palavras de Ferraz Jr[2], destaca-se que o objetivo da decisão judicial é a resposta ao conflito, legitimada pela justificação. E, essa resposta é uma forma de se trazer satisfação para o conflito, excluindo propostas incompatíveis com o fato.

A decisão judicial é a adequação e a inclusão dos fatos à norma, que somente o judiciário é obrigado a decidir, por ser o único poder que não pode se abster de resolver a lide, por força do sistema jurídico que lhe impõe este dever de impor um fim ao conflito de interesse, ao passo que o poder executivo e legislativo pode até criar normas, mas não carregam a responsabilidade da decisão judicial (CAMPILONGO, 2013, p. 34, *on-line*).

A decisão judicial procede de um conflito, sem o conflito não existirá a decisão, no entanto, mesmo diante de uma decisão judicial transitada em julgado, o conflito não se mostra resolvido. O papel da decisão, portanto, é absorver a insegurança jurídica, transformar "incompatibilidades

[1] A decisão é um ato que permite seja concretizado o comando abstrato da norma jurídica, sendo necessário para tanto a realização de um procedimento de subsunção dos fatos constatados por meio das provas produzidas ao suporte abstrato contido na norma. (ALMEIDA, 2012, p. 2502)

[2] [...] a decisão é um procedimento cujo momento culminante é a resposta. A justificação da resposta constitui a questão de sua legitimidade. Com uma resposta, podemos pretender satisfação imediata para o conflito, no sentido de que propostas incompatíveis são acomodadas ou superadas. (FERRAZ JR., 2022, p. 275)

indecidíveis" em "alternativas decidíveis" mesmo que criem situações até mesmo eivadas de incompatibilidades maiores do que as anteriores. A prova de que o conflito não acaba com a decisão, consiste no próprio fato de que o conflito requer a decisão, se assim não o fosse, ele seria resolvido, terminado, sem a necessidade da decisão. Sendo assim, a decisão judicial apenas impede o prosseguimento do conflito, porque é impossível satisfazer as duas partes, sendo que uma delas será beneficiada e eliminar por inteiro o conflito que outrora se iniciou (FERRAZ JR., 2022, p. 276-277).

Fundamentando-se nos artigos 1º, 4º e 926 do Código de Processo Civil, Zaneti Jr. e Pereira (2016, p. 10), destacam que a decisão judicial no "Estado Democrático Constitucional", deve seguir dois fatores: interno e externo, o primeiro voltado ao serviço da tutela jurisdicional que deve ser dada tempestivamente, adequadamente e efetivamente e o segundo, por ser necessário uma semelhança, mantendo-se a coerência nas decisões judiciais, que demonstrem a integridade do ordenamento jurídico, como se opera e vemos nas decisões que seguem as jurisprudências e se alinham o que determinam os tribunais.

Antes de proferir a decisão judicial, o juiz deve percorrer ponto convergentes de normas, regras de orientação, métodos interpretativos, argumentos, provas e narrativas dos casos que decide, para se chegar à convicção que agregue o senso de justiça, como se isso fosse sua característica principal e intrínseca (FERRAZ JR., 2009, p. 289).

A fundamentação da decisão judicial é indispensável. O juízo é obrigado a dizer o porquê daquela decisão, se baseando nas provas, nas leis, nas jurisprudências e todo o arcabouço processual que lhe é apresentado no processo.

Entretanto, segundo Alexy (2013, p. 28) não deve usar unicamente do sistema de valoração do ordenamento jurídico, mas não pode prescindir dele, dado que estes "posicionamentos valorativos formulados na Constituições ou em outras leis ou expressos em numerosas normas ou decisões são relevantes para a decisão a ser tomada", mas em alguns casos, por exemplo, convicções coletivas, não se deve levar em conta ao extremo estes "posicionamentos valorativos", porém sim as formas e regras pelas quais estes irão estar presentes na fundamentação de uma decisão.

O mesmo autor, descreve 4 (quatro) problemas que devem ser colocados nas valorações quando da fundamentação jurídica:

1) basear-se em convicções e consensos faticamente existentes, assim como em normas não jurídicas faticamente vigentes ou seguidas;
2) referir-se a valorações que, de alguma maneira, podem ser extraídas do material jurídico existente (incluídas as decisões anteriores); e
3) recorrer a princípios suprapositivos.
4) apelar para conhecimentos empíricos [excetos os pressupostos em (1)]. (ALEXY, 2013, p. 29)

Assim, apresenta os quatro requisitos que devem ser postos em uma decisão jurídica, ou seja, que o julgador deve valorar, que segundo ele, são: os fatos e normas de que não sejam de cunho jurídico (1), jurisprudências e doutrina (2), princípios que norteiam as leis e o positivismo jurídico (3) e conhecimentos empíricos (4), que são os relacionados à vida, ao cotidiano, à vivência.

No entanto, ele alerta que que não é uma fórmula mágica e que toda decisão judicial deve seguir estes critérios, mas que dependerá de caso a caso, alertando que "há diferentes concepções para quase todos os problemas práticos" (ALEXY, 2013, p. 29).

Para Monteiro (2007, p. 6109), outra questão que não se deve minimizar é a "sustentação racional" da decisão judicial, ou seja, regras que a justifiquem, pois, a decisão não pode ser arbitrária, marcada por argumentos frágeis, inespecíficos, ela exige fundamentos sólidos. Além dos instrumentos racionais, comporta também a trajetória da convicção, com a análise do problema minuciosamente, a verificação de outras decisões possíveis, seus efeitos e o seu alcance.

Ela destaca também outro aspecto importante, que é a necessidade da racionalidade do julgador, que não pode trair a seus conceitos íntimos em suas justificativas, por isso, o segredo de sua atuação se resume em sua inocência presumida, que não quer dizer que se identifique com essa inocência, porque se trata da inocência do cargo, de quem o ocupa (MONTEIRO, 2007, p. 6106).

Sendo assim, é importante o julgador separar os seus sentimentos e agir com a razão, sendo este o grande dilema que lhe é imposto.

No entanto, a decisão judicial está exposta a dois tipos de controle: ao interno, que é o direito recursal, exercido pelos tribunais e o externo, realizado pela sociedade, que atuam sobre a motivação da decisão, e a necessidade constitucional dessa motivação, é uma condição imprescindível ao processo democrático (MONTEIRO, 2007, p. 6119).

No Brasil, o controle interno da decisão judicial é operado por duas instâncias superiores, os Tribunais Estaduais e o Superior Tribunal de Justiça quando não trazem em seu bojo conteúdos referentes à nossa Constituição, se houver assuntos inerentes à Constituição, há mais uma instância que trata apenas da Constituição, o Supremo Tribunal Federal.

Quanto ao controle externo, não raro vemos decisões judiciais sendo revertidas por pressão da sociedade, especialmente em crimes que lhe causam indignações e espantos com as decisões judiciais, ganhando exposição midiática e são revertidas, não só por isso, pois como já vimos e continuaremos a ver, os julgadores estão submetidos a critérios legais, lógicos e processuais que não lhes permitem decidir conforme seus íntimos ou pressões externas, mas justamente, por estas decisões terem fugidas destas balizas e necessitem de reformas.

Ferraz Jr. diz que há uma lógica na decisão judicial que se mostra presente em dois momentos de racionalidade, o primeiro, o momento da motivação, que não se refere ao que ao juiz pensou, mas as razões que o levaram àquela decisão e o segundo, o da racionalidade do que ele pensa, que decide, escolhe entre o justo e o injusto, não havendo necessariamente, identidade ente estes dois momentos (FERRAZ JR., 2009, p. 292).

No seu entendimento, o momento da motivação, obedece a regras (processuais), cânones metódicos, fundamentação e argumentação, citações, esquemas de raciocínio, como meios de se chegar à persuasão. Mas alerta que, esta "burocracia decisória" que torna o juiz quase máquina, que se refletem em sentenças reduzidas a modelos computadorizados e repetidas. Por isso, as sentenças atualmente, são vistas e avaliadas apenas com o olhar econômico, ou seja, pelas vantagens e desvantagens que trazem e que as reduzir a apenas um texto escrito pela autoridade posta, é o mesmo que dizer que os computadores poderiam substituir os julgadores (FERRAZ JR., 2009, p. 292-293).

A decisão judicial não pode ser vista apenas com uma peça que discute interesses econômicos, mas o que deve ser propagada é sua importância para a sociedade que é incomensurável, pois pode mudar definitivamente as vidas das pessoas, especialmente, quando falamos, por exemplo, do Direito de Família, que decide sobre a guarda, alimentos etc. dos filhos menores, estabelecendo o destino das crianças e não pode jamais ser tomada sem um olhar humano e atento que saiba perceber o melhor caminho para o desfecho do caso concreto, coisa que nenhuma máquina jamais saberá.

Para Canotilho[3] a fundamentação, incluindo a motivação, na decisão judicial é inerente ao Estado Democrático de Direito e não se trata apenas de fundamentação legal e constitucional, mas também de justificação pela razão e argumentos jurídicos. Isto age contra "julgamentos arbitrários", ao limitar o que foi dito com a exigência de motivação e justificação, sendo um direito fundamental do cidadão, ter uma resposta estatal consolidada da decisão judicial bem fundamentada.

E é aqui que entra o papel fundamental das cortes superiores, que é o de revisar eventuais erros judiciais, para que os direitos dos cidadãos nunca sejam desrespeitados. Ao passo que os tribunais são formados por conjunto de julgadores, denominadas câmaras, turmas ou, quando julgado no plenário do Supremo Tribunal Federal, de pleno, que se forma por vários juízes que irão pronunciar seu voto individualmente, é a segurança de que a democracia está presente e de que eventuais erros serão mais raramente cometidos.

1.2. Inteligência artificial e decisão judicial

É necessário, antes de tudo, nos situarmos sobre a definição da inteligência humana, ou ao menos tentarmos, para depois falarmos sobre a inteligência artificial, vamos ao que diz Gabriel (2022, p. 56)[4] no sentido de

[3] A fundamentação das decisões – o que repita-se inclui a motivação –, mais do que uma exigência própria do Estado Democrático de Direito, é um direito fundamental do cidadão. Fundamentação significa não apenas explicitar o fundamento legal/constitucional da decisão. Todas as decisões devem estar justificadas e tal justificação deve ser feita a partir da invocação de razões e oferecimento de argumentos de caráter jurídico. O limite mais importante das decisões judiciais reside precisamente na necessidade de motivação/ justificação do que foi dito. Trata-se de uma verdadeira "blindagem" contra julgamentos arbitrários. (CANOTILHO et al., 2013, p. 1324).

[4] Apesar de não conseguirmos definir exatamente o que é a inteligência humana, existe uma ampla concordância entre os pesquisadores sobre as habilidades que a inteligência

visualizarmos que apesar da dificuldade de definir a inteligência humana que ela coloca, trouxe muitos critérios importantíssimos que fazem de a inteligência ser humana, como o raciocínio, conhecimento, planejamento, aprendizagem, comunicação, sentimento etc., que nos permite inferir, que sem essas habilidades não dar para dizer que se trata de inteligência humana.

E é isso que se busca na inteligência artificial, incluir, impregnar, se não todos, pelo menos algumas destas habilidades pela autora descritas, diante disso, podemos partir para a definição de inteligência artificial, na visão de alguns pesquisadores:

Na visão de Gabriel (2022, p. 56): "é a área da Ciência da Computação que lida com o desenvolvimento de máquinas/computadores com **capacidade de imitar a inteligência humana."** (Grito da autora) Para dos Santos (2021, p. 6) é o "campo da ciência destinado a fornecer máquinas com a capacidade de realizar funções como lógica, raciocínio, planejamento, aprendizagem e percepção."

No entendimento de Medina e Martins (2020, p. 2) é o "desenvolvimento de ferramentas informáticas que emulem a inteligência humana ou que executem funções a ela relacionadas, tais como raciocínio, aprendizagem, adaptabilidade, percepção e interação com o meio físico etc." Por último, para Kaufman (2022, p. 9) afirma que "A inteligência artificial hoje é fundamentalmente, modelos estatísticos que, baseados em dados, calculam a probabilidade de eventos ocorrerem."

Vemos que os conceitos acima muito se assemelham, denotando que a inteligência artificial se baseia na intenção de criar máquinas ou computadores que imitem ao máximo a inteligência humana, copiando suas habilidades como raciocínio, percepção etc., exceto o conceito de Kau-

precisa ter para ser considerada de nível humano, como: raciocinar (estratégia, solução de problemas, compreensão de ideias complexas e capacidade de tirar conclusões em ambientes com incerteza); representar o conhecimento (incluindo aquele de senso comum); planejar, aprender, comunicar em linguagem natural; integrar todas essas habilidades para uma meta comum; além de sentir (ver, ouvir etc.) e ter a habilidade de agir (determinar o movimento e a manipulação de objetos) no mundo, inclusive detectando e respondendo a ameaças. Além dessas habilidades, a capacidade de imaginar (habilidade de criar imagens e conceitos mentais que não foram programados) e ter autonomia ampliam a concepção de comportamentos inteligentes.

fman que mostra parte mais técnica da inteligência artificial, limitando a definição a estatísticas e dados, ou seja, que a inteligência artificial se utiliza destes fatores para conhecer a probabilidade de eventos almejados acontecerem.

Podemos inferir que a inteligência artificial é um adestramento, condicionamento da máquina ou computador, que se utiliza de conhecimentos na área da informática, com a insistência em torná-la capaz de realizar tarefas que somente o ser humano conseguiria. Já utilizada em muitos campos, especialmente no atendimento de clientes em atendimentos à distância, por exemplo, telemarketings bancários, cresce cada vez mais estudos e implantação de sistemas que se utilizam desta tecnologia para sua utilização na advocacia e no sistema brasileiro de justiça.

No entanto, a problemática sobre a implantação destes sistemas na seara judiciária, está no desafio de não se perder a sensibilidade humana tão importante na advocacia, no judiciário e principalmente, nas decisões judiciais.

Fornasier; Sobreiro e Brun[5], destacam o quão importante é a função do juiz, que não só decide, mas se inteira, se sensibiliza, se convence para assegurar às partes um julgamento fundado nos direitos humanos e nos direitos fundamentais, utilizando-se das suas experiências, técnicas e criatividades, para entregar á justiça com equidade, sem dar margens a injustiças que podem comprometer a sua missão constitucional.

Até que ponto a máquina teria essa capacidade humana, para auxiliar ou até substituí-la? Será que uma máquina não tornaria as decisões judiciais muito artificiais e repetitivas, baseando-se no "copia e cola" nos casos similares sem se atentar a peculiaridades que mesmo casos à primeira vista idênticos têm?

[5] A função de um juiz de Direito, dessarte, vai muito além do mero ato de decidir ou de, como o entendimento de não muito tempo atrás, pronunciar a lei. O juiz deve ser a ferramenta do Estado que concretiza, assegura e exterioriza os Direitos Humanos e as garantias fundamentais, isto é, deve compreender e ter a capacidade de contextualizar cada conflito, reconhecer as alteridades humanas e, a partir do conjunto de criatividade, intuição, sensibilidade, técnicas de estudo e experiência na função, resolver os conflitos de forma adequada, com a devida observância aos princípios do ordenamento, à democracia e, sobretudo, à dignidade da pessoa humana.. (FORNASIER; SOBREIRO e BRUN, 2022, p. 16)

Mesmo na tomada de decisão judicial por um juiz (humano) há o perigo "involuntário e biológico", especialmente, no ordenamento jurídico penal, após repetidas decisões e subsequentes criações de padrões, que descartam questões importantes de cada caso inconscientemente, de tratar de forma semelhante o que nunca será semelhante, se julgando ações penais diferentes (e aqui leia-se diferentes em relação ao caso concreto e não ao tipo penal), de maneira igual (TOMAZINI; ABIKO, 2020, p. 4-5). Por isso, o juiz não pode jamais, após a sua costumeira tomada de decisões judiciais "cair no pecado" de proferir suas decisões mecanicamente, sem se inteirar das peculiaridades que cada julgamento demonstra, sob o risco de cometer injustiças ao invés da justiça que tanto se almeja do seu decidir.

E o imbróglio de instalar a inteligência artificial como criadora de decisões judiciais, reside justamente em se atentar a certos elementos que devem estar presentes nas decisões que só o ser humano sabe fazer com qualidades que ainda lhe são unicamente próprias e não contemplam a inteligência artificial, na visão de Pinto e Ernesto[6]

Nesta perspectiva, o judiciário brasileiro anda com cautela e as principais ferramentas que auxiliam o nosso judiciário se pautam em apenas assessorar na identificação de casos semelhantes julgados anteriormente, na percepção dos assuntos principais trazidos nas petições, permitindo saber, por exemplo, se um recurso traga em seu bojo, tema que já foi discutido em recursos repetitivos no Superior Tribunal de Justiça (STJ) que impediria o conhecimento do hipotético recurso, função que é atribuída ao sistema Athos no STJ. No mesmo tribunal temos também o Sócrates que mesmo antes de os recursos serem admitidos pelos ministros, age de forma automática, mostrando se o recurso está baseado no permissivo constitucional para ser interposto, os dispositivos de lei violados ou divergência jurisprudencial apontados no recurso e os paradigmas que justificam divergência (STJ, 2020, *on-line*).

[6] Contudo, o elemento humano não pode ter um papel coadjuvante nesse cenário, marcado pelo atropelo ocasionado pela tecnologia inteligente. Isso porque a argumentação jurídica, o exercício da persuasão, o ato de convencer, negociar e dialogar em juízo, assim como o momento da decisão final não podem ser atribuídos a sistemas computacionais, mesmo que isso seja possível na atualidade. (PINTO; ERNESTO, 2022, p. 6)

Já no Supremo Tribunal Federal (STF) a inovação fica por conta do Victor, fruto da parceria entre o STF e a Universidade de Brasília, que otimiza a análise da repercussão geral, um dos critérios para a admissibilidade do recurso extraordinário e classifica e separa as peças processuais por seus assuntos. Atualmente, no STF, existem 860 temas contemplados por julgamentos em repercussão geral, e se esta análise de que o assunto já foi ou não contemplado por este instituto jurídico, fosse feita por um servidor, demoraria cerca de 11 minutos, enquanto o Victor realiza este trabalho em 10 segundos com um acerto de 84%, já a verificação e separação das peças por assunto, feito que o Victor também desempenha, se efetuada por um servidor, seriam necessários 15 minutos, o que Victor faz em 4 segundos com 94% de acerto e "eliminou a necessidade de investimento de R$ 3 milhões por semestre nos gastos realizados com a estrutura administrativa ligada a este setor do tribunal" (PINTO; ERNESTO, 2022, p. 5).

Assim, atualmente, no sentido de não permitir decisões judiciais tomadas pela inteligência artificial, mas apenas seu assessoramento como os expostos acima, o nosso judiciário caminha corretamente, pois, do contrário, também não seria permitido pelos princípios e legislações que norteiam nosso ordenamento jurídico, especialmente, o princípio do livre convencimento do juiz, que ao nosso ver, seria seriamente comprometido se permitíssemos que a inteligência artificial decidisse as lides em nosso país, como se um juiz fosse, ao passo, que isso está longe de acontecer.

Mas, sobre o argumento de que a decisão não pode ser tomada por uma máquina, porque trata-se de uma inteligência artificial, defende Medina e Martins[7] que na realidade, a inteligência artificial é a inteligência humana, pois, é esta que a fábrica, constrói e direciona seus saberes, e que a máquina somente poderia provocar medos e receios, se atingisse

[7] A decisão gerada por meio de Inteligência Artificial constitui, em última análise, uma decisão tomada pelos seres humanos que a programaram. Destarte, o argumento de que a máquina não pode decidir a respeito do ser humano apenas faria sentido na remota hipótese de a Inteligência Artificial atingir um grau de desenvolvimento tão alto que a permita adquirir autoconsciência e comandar a sua própria programação, rebelando-se contra o homem. (MEDINA; MARTINS, 2020, P. 10)

um grau alto de saber que comandasse sua própria programação e se voltasse contra o homem.

No entanto, a decisão judicial tomada por máquinas está longe de ocorrer, por ser limitada pela complexidade técnica de traduzir o Direito em uma linguagem de computador e pelas desconfianças que uma tecnologia recente provoca, impondo cuidados na adoção desta tecnologia em setor tão essencial da sociedade, como a decisão judicial. E poucos confiariam o julgamento de suas demandas à uma máquina, preferindo a decisão de um juiz, mesmo diante da constatação de que o "errar" é humano. (MEDINA; MARTINS, 2020, P. 10)

Portanto, a paridade de habilidades entre a inteligência artificial e a inteligência humana que permita a sua utilização na tomada de decisões judiciais, ao menos em nosso ordenamento jurídico brasileiro, não se vislumbra ser para já, ainda teremos que percorrer um caminho longo por muitas questões de cunho éticos, legais e tecnológicos que possam convencer que a utilização de um sistema para decidir imbróglios que possam mudar drasticamente a vida de pessoas é possível e que sua utilização seria tão vantajosa ou mais vantajosa do que a do ser humano.

Pendemos para o lado da cautela quando se trata deste assunto. Se a tecnologia permitir um dia o julgamento de lides por máquinas, agregando os conhecimentos que a complexidade jurídica requer, o sentimento que o ser humano impregna na decisão judicial, jamais será possível ser apreendido por uma máquina, e esta sensibilidade, faz toda diferença, também naqueles casos que se mostram idênticos mas se analisados pormenorizadamente se mostram diferentes e estas peculiaridades é que fazem com que a decisão possa ser diferente daquele caso que se mostra idêntico mas não é, e esta capacidade, de perceber minúcias, por enquanto, somente o humano tem.

3. Benefícios do uso de inteligência artificial nas decisões judiciais à democracia

Como dito alhures, cada vez mais o uso de inteligência artificial (IA) vem aumentando no âmbito dos processos judiciais, sendo esse um fato que vem sendo realizado há alguns anos por meio da digitalização desses, o que já é uma vantagem na democratização do acesso à justiça.

Além da digitalização da justiça pública como um todo, importante mencionar que muitos escritórios e empresas utilizam dos serviços das chamadas *lawtechs*, que são empresas especializadas no Direito que dispõem de tecnologia avançada ou procuram utilizar dela por meio de pesquisas que comunicam com universidades e institutos que são vanguarda nesse tipo de assunto.

Para citar um panorama mundial a respeito da Inteligência Artificial no quesito inovação, nos Estados Unidos da América (EUA), existem dois sistemas que são utilizados em ampla medidas por escritórios, o Ross e Watson (ROSOLEM, 2019, p.3).

Outro local em que muitos escritórios utilizam das tecnologias para o funcionamento de seu setor jurídico é Londres, em que, conforme pesquisa realizada pelo CBRE em 2018, já à época quase metade (48%) dos escritórios advocatícios da referida capital já utilizavam os sistemas de inteligência artificial, havendo também a procura, seja de forma direta ou indireta pela ideia de implementação de cerca de mais 41% dos escritórios, ou seja, é um caminho sem volta a informatização do Direito nas tomadas de decisão sob a perspectiva do aperfeiçoamento da prestação jurisdicional, celeridade processual e busca de uma linguagem clara.

Do ponto de vista das empresas e escritórios especializados na seara aqui proposta, a utilização da informatização ocorre para atingir alguns objetivos diferentes, como para a revisão de documentos, realizar pesquisas jurídicas e na investigação prévia de potenciais clientes, dentro do que é permitido pela legislação vigente, sendo efetivamente um benefício na questão da democratização das Inteligências Artificiais presentes cada vez mais nos escritórios e contribuindo para uma padronização das decisões em formato digital.

Em relação ao Brasil, no que tange à visão dos escritórios, o já citado sistema Watson foi implementado em um escritório no Recife – PE, de forma que a média de acertos do referido aumentou de 75 a 95%, ou seja, a implementação da tecnologia ajuda muito na melhora dos *trekkings* dos escritórios.

Entrando na seara principal da pesquisa, o poder público foi implementando de forma gradual a informatização do Direito, de forma que, em 2014, a Advocacia Geral da União já começou a formar a sua informatização por meio do Sistema AGU de Inteligência Jurídica (Sapiens), que tinha como objetivo a facilitação do trabalho dos procuradores do referido órgão, para tornar mais rápida e simplificada a produção das peças, muitas vezes padronizadas do referido órgão.

O referido sistema ajuda também na tomada de decisões, adequando ao tema principal do trabalho, pois, ao melhorar a previsão dos escritórios, facilita a decisão e padronização advinda dos juízes e ajuda na tomada de decisões que favoreçam a sociedade, e que elas não sejam diferentes, independentemente da origem dos requerimentos.

Apresentada a intenção e demonstrado anteriormente como a informatização atinge tanto os escritórios como a justiça por meio de seus tribunais, é importante dispor sobre um dos aspectos principais que a informatização veio para ver cumprida de forma completa, a razoável duração do processo, essa é uma garantia constitucional prevista na Constituição por meio da Emenda Constitucional nº 45/2004, em que o ideal dessa duração é prevista e desde então passa a ser uma busca da justiça brasileira, o que é tentando desde então, mas nem sempre cumprido.

Desse modo, um dos aspectos que contribuem para a grande quantidade de demandas do judiciário brasileiro é a quantidade imensa de profissionais do Direito que são formados por ano no Brasil, o que contribui de forma efetiva para a quantidade imensa de demandas judiciais que são alocadas junto ao judiciário anualmente[8].

Se a tomada de decisão ajuda na celeridade, esse fato é uma vantagem no contexto democrático, pois muitos casos de processos podem ser resolvidos sem a utilização de muitos recursos e de forma célere, o que contribui para a democratização do acesso, diminuindo o preconceito da população com a demora da justiça.

Um conceito importante dentro desse contexto é o da jurimetria, que corresponde à estatística quando é aplicada às decisões e ao Direito em geral. Ela será essencial quando da aplicação da tecnologia no direito,

[8] Segundo o Conselho Federal da OAB, há, atualmente, 1.197.483 advogados em todo país, o que representa uma proporção estimada de um advogado para cada 190 habitantes. Evidente, pois, que essa enorme quantidade de profissionais acaba por impactar no aumento do número de demandas ajuizadas, lembrando que a cada semestre são formados novos profissionais pelas universidades (ROQUE, 2021, p. 03).

pois corresponde à capacidade de prever os resultados que serão obtidos por meio das decisões judiciais informatizadas.

Um aspecto que vem sendo derrubado aos poucos é o medo que as pessoas possuíam de depender somente de máquinas para as decisões judiciais, preconceito que vem sendo aos poucos quebrados por meio das novas gerações, que desde criança já possuem acesso à smartphones e, com isso, o preconceito com as decisões tomadas utilizando de jurimetria e dados anteriormente municiados ao sistema vai diminuído.

A vantagem do referido conceito, no contexto democrático, é que ao se padronizar por meio de previsões de decisões realizadas pela inteligência artificial, demandas iguais ou parecidas, de uma grande parte da população, podem ser resolvidas rapidamente se houver uma catalogação dessas e o ajuizamento coletivo.

Assim, a demanda que é decidia por meio dos algoritmos e IA chega até esse momento quando ela é incorporada ao sistema por meio do input, que significa como os desenvolvedores irão munir aquelas máquinas ou sistemas com os dados necessários para que eles decidam, por meio do banco de dados, como será decidido o processo, já o output corresponde ao resultado ou saída desses.

São termos técnicos utilizados por meio dos desenvolvedores, entretanto, em termos mais simples, o que ocorre é que os sistemas responsáveis pelas decisões são munidos por meio das informações obtidas pelos desenvolvedores, como as decisões emitidas em processos similares aos que serão decididos naquele momento.

Assim, quando os juízes dispõem dos dados necessários para a tomada de decisão, muitas vezes apenas repetem o que já foi emitido anteriormente. Esse caso ocorre, por exemplo, em sentenças que dispõem sobre questões financeiras de tributos, que muitas vezes são casos repetidos sobre determinada quantia devida pelo cidadão ao Estado.

Assim, esse fato, quando é munido com as informações corretas pelos desenvolvedores, é uma vantagem à escolha da alternativa da automatização, pois economizaria o tempo necessário para a leitura repetitiva dos processos pelos juízes e servidores da justiça.

Dessa reflexão surgem outras, como a questão da otimização do tempo frente à redução de custos. É um fato notório que o poder judiciário, frente a imensidão dos processos judiciais a que é acometido, possui no fato dos processos digitalizados uma vantagem em relação ao tempo gasto com a catalogação, procura, entre outros fatores que ajudam quando existe uma grande quantidade de fatores em relação aos procedimentos que auxiliam na celeridade processual.

Para se debater se é vantajoso, ou não, a emissão de decisões judiciais por meio dos sistemas automatizados, é necessário que se entenda como esses processos percorrem o caminho até se transformarem em demandas que serão decididas por meio da inteligência artificial.

Por esse motivo, entre outros apresentados ao longo da pesquisa, a questão das decisões proferidas exclusivamente por inteligência artificial ainda precisa ser muito debatida no seio da sociedade brasileira, observamos que muitos são os bônus, como a facilidade de se acessar a justiça do país todo tendo oportunidade de obter apenas um smartphone ou computador, a celeridade que as decisões poderiam ter se fossem realizadas assim. Em contraponto, as dificuldades das decisões seriam em como programar máquinas para interpretar casos específicos e o acesso aos dados incutidos dentro delas, conforme será discutido adiante.

4. Riscos do uso de inteligência artificial nas decisões judiciais à democracia

A contrário sensu, também se demonstra um dos principais riscos para a democracia, em relação às decisões judiciais informatizadas, é advindo da grande quantidade de advogados que são formados anualmente no país, e o fato da informatização ter facilitado o acesso aos sites da justiça para distribuírem processos, ou seja, mesmo um advogado que more distante de onde pretende entrar com uma demanda, ele pode realizar esse fato por meio de Processo Judicial Eletrônico (PJe).

Esse fato levou ao aumento das demandas, conforme relatório do Conselho Nacional de Justiça (CNJ), elaborado em 2019, que dispôs sobre a quantidade de processos judiciais que existem no Brasil, atingindo uma marca expressiva de 78.691.031 processos pendentes, sem contar os que já haviam sido resolvidos.

Essa quantidade, somada às outras existentes no país, totalizava em R$ 76,8 bilhões de reais em gastos, o que representa 1,1% do PIB brasileiro, ou seja, um grande valor do referido, que seria utilizado para fins sociais, acaba indo para o judiciário, que perde em duas frentes, quando precisa decidir muitas demandas que são dispensáveis e protocoladas pela facilidade e gratuidade, e nos gastos, o que prejudicaria outros setores sociais que necessitam de recursos.

Em outro sentido, essa grande quantidade de processos e o crescente incentivo para a informatização dos processos judiciais acabou formando um impasse aos estudiosos do direito, sejam juristas acadêmicos ou funcionários públicos especializados na aplicação desses, como juízes, promotores e defensores públicos.

Uma das opções ventiladas por meio dos debates estabelecidos é a da arbitragem[9]. Essa faria com que o sistema judiciário fosse menos exigido, no sentido de desafogar as demandas judiciais, mesmo que elas fossem digitalizadas. Uma discussão a respeito de como seria essa automatização corresponde à capacidade das máquinas em serem, ou não, inteligentes. Esse é um debate presente na quarta revolução industrial, que é a que vivemos.

Dessa forma, qual seria a capacidade dos computadores em produzir decisões com equidade e cumpridoras das leis? Nesse cenário, a revolução digital faz com que o Poder Judiciário precise se adaptar ao mesmo tempo em que assume uma postura crítica a respeito de deixar nas mãos de algoritmos as decisões judiciais.

A jurimetria, conforme demonstrado anteriormente, é essencial no contexto do trabalho e a grande questão que permeia o uso dela, explicada como uma vantagem como uma forma de decidir demandas judiciais por meio de AI, é quando ocorrem as emissões de decisões que necessitam de uma reflexão crítica sobre qual pena aplicar, por exemplo, um crime de injúria, que a ofensa é subjetiva, não pode ser decidido por meio

[9] É a reflexão obtida por meio do art. 3º, § 3º do CPC que a "conciliação, a mediação e outros métodos de solução consensual de conflitos deverão ser estimulados por juízes, advogados, defensores públicos e membros do Ministério Público, inclusive no curso do processo judicial". Para Humberto Dalla, a busca da pacificação dos conflitos, com a utilização de meios consensuais, configura a quinta fase metodológica do processo civil brasileiro (PINHO, Humberto Dalla Bernardina de. *Jurisdição e pacificação* – limites e possibilidade do uso dos meios consensuais de resolução de conflitos na tutela dos direitos transindividuais e pluri-individuais. Curitiba: CRV, 2017, p. 95).

de um computador, mesmo que esteja com os sistemas mais avançados em termos de inteligência artificial instalado, essa seria uma desvantagem democrática pois a programação poderia desconsiderar um crime subjetivo em detrimento de inimigos políticos de quem decide o que a inteligência artificial vai ter em seu banco de dados, ou seja, prejudicaria a democracia.

Outro debate instado por meio da possibilidade da utilização da inteligência artificial no direito é o relativo ao sistema de precedentes, que seriam viciados mesmo com o uso da jurimetria. O judiciário brasileiro é composto de muitos entendimentos a respeito de temas similares, o que criaria uma dificuldade para a inteligência artificial na tomada de decisões.

Uma máquina apenas repete o que ela foi ensinada, não é um sistema que reflete sobre decisões. Se uma determinada comarca muda de juiz e ele possui entendimento diverso ao anterior em relação a temas similares, a IA se fosse programada apenas por um entendimento, estaria prejudicada. Esse fato demonstra que as decisões tomadas pelas inteligências artificiais dificilmente seriam neutras em questões que envolvam mais de um entendimento, pois, conforme explicitado anteriormente, elas se basearia m, para tomar as suas decisões, nos dados que já estariam dispostos em seus códigos por meio do abastecimento realizado pelos desenvolvedores. Assim, essa seria uma desvantagem das decisões tomadas exclusivamente pela IA.

O fenômeno da repetição de decisões é reconhecido como "algoritmo enviesado" (ROQUE, 2021), pois um determinado entendimento pode ser inscrito no algoritmo e prejudicar um réu que poderia ser absolvido por meio de outro entendimento. Para tentar resolver impasses dessa natureza, o Superior Tribunal de Justiça – STJ, também entrou na discussão a respeito da tomada de decisão por meio dos algoritmos judiciais.

Esse definiu que em litígios de massa, conforme já citado anteriormente, as decisões tomadas por meio de IA seriam de grande relevância, visto que muitas vezes são apenas questões que envolvem algum aspecto financeiro que é passível de resolução por meio de uma decisão para todos os litigantes. É o disposto na chamada Justiça Preditivo, que seria a resolução dessas com a mínima interferência possível de advogados, funcionários da justiça e outros que impediriam a decisão de ser justa e igual para todos[10].

Como a proposta do trabalho, nesse capítulo, é demonstrar as desvantagens, outra dessa que foi observada é a reincidência do erro, que ocorreu por um viés social inscrito na IA. Essa foi observada em um estudo conduzido por meio do *Correctional Offender Management Profiling for Alternative Sanctions* – COMPASS. Esse ocorreu nos Estados Unidos da América, quando foi observado por meio de um levantamento de dados que o viés de condenação era maior na população mais desfavorecida socialmente e negra. Assim, no Brasil se levantou a questão sobre como obter uma transparência nos dados que são incutidos nas máquinas para a tomada de decisão da IA frente os casos analisados. Essa preocupação deriva do caso narrado e de uma Resolução ocorrida no Parlamento Europeu, que adquiriu a numeração de 12, do ano de 2017, dispondo sobre o direito Civil e a robótica, buscando obter uma transparência nos códigos quando esses disponham sobre as decisões judiciais, entre outras medidas.

Em relação ao Brasil, o princípio da transparência em relação aos algoritmos já está previsto no da publicidade, conforme o artigo 5º, LX e 93 da Constituição Federal e art. 8º do CPC). Essa é uma das desvantagens das decisões advindas diretamente de algoritmos pois não se sabe ainda de onde vieram todos os dados e nem como eles são dispostos nos sistemas para as escolhas que demandas uma reflexão. Conforme dito anteriormente, em uma decisão que exija uma dicotomia entre interpretações, os dados de alguma forma serão enviesados, outro fator que atrapalharia a falta de transparência é o direito de ação e do contraditório, que ficaria mitigado na ausência de acesso a todos os dados[11].

Em termos estritamente processuais, uma situação que restaria complicada para os advogados é em relação aos Embargos Declaratórios, pois,

[10] Disponível em: http://www.stj.jus.br/sites/portalp/Paginas/Comunicacao/Noticias/Seminario-debate-novas-perspectivas-na-relacao-entre-direito-e-tecnologia.aspx. Acesso em 20 de out. 2022.

[11] A preocupação se agrava, no campo jurídico, quanto ao conteúdo das decisões tomadas por intermédio de "*softwares*", tendentes a buscar padrões, em casos específicos, o que poderia, em última análise, levar à "*industrialização das decisões judiciais*", afastando-se cada vez mais da riqueza de elementos que os casos concretos apresentam (ROQUE, 2019, p. 69)

por meio deles pode se questionar uma determinada omissão, contradição ou obscuridade da decisão. Logo, como seria possível o questionamento de uma omissão de uma decisão emitida por uma máquina por meio de algoritmos, esse fato causaria muitos problemas aos advogados e servidores da justiça pois não saberiam para quem solicitar a correção, visto que a tendência seria de todas as instâncias serem informatizadas, assim, a presença de pessoas que saibam julgar também é necessária nesse contexto.

É por esse motivo que surgiu um debate no meio jurídico sobre a inconstitucionalidade de decisões advindas somente por robôs. Melhorando o raciocínio, o artigo 5º, XXXV da Constituição Federal que dispõe sobre o acesso à justiça, em uma reflexão inicial sobre decisões que seriam tomadas somente pela IA, o acesso se estenderia aos códigos dessas, fazendo com que os advogados se encontrassem em impasses difíceis de solucionar pois, para que eles e seus clientes tivessem acesso à justiça, além de conhecer as leis, deveriam conhecer como elas foram dispostas dentro de um sistema de computadores para a tomada de decisões, ou seja, seria um trabalho hercúleo.

Conclusões

Concluímos que a decisão judicial não pode ser vista apenas com uma peça que discute interesses econômicos, mas o que deve ser propagada é sua importância para a sociedade que é incomensurável, pois pode mudar definitivamente as vidas das pessoas, sendo a fundamentação e motivação da decisão judicial inerente ao Estado Democrático de Direito e não se trata apenas de fundamentação legal e constitucional, mas também de justificação pela razão e argumentos jurídicos.

Em sequência podemos inferir que a inteligência artificial, assim compreendida como o adestramento, condicionamento da máquina ou computador, que se utiliza de conhecimentos na área da informática, com a insistência em torná-la capaz de realizar tarefas que somente o ser humano conseguiria, apesar de já utilizada em muitos campos, carece de maior debate o uso da tecnologia para tomada de decisão judicial no sistema brasileiro de justiça, uma vez que tal tema submete-se a problemática do desafio de não se perder a sensibilidade humana tão importante na para emissão de decisões judiciais.

Desta maneira ficou demonstrado que a utilização da tecnologia nos processos judiciais foi estabelecida desde que essa começou a se desenvolver no início do século XXI, conforme os autores e as situações descritas. Assim, o artigo buscou inicialmente fazer uma reflexão sobre o tema proposto por meio do panorama global a respeito da informatização dos processos e das decisões judiciais, demonstrando os aspectos dessas nos Estados Unidos e na Europa, bem como no Brasil, assim, restou claro que essa tendência está cada vez mais aumentando no contexto da justiça ocidental.

Após, seguiu-se na temática adentrando na seara do Direito, demonstrando como o estudo desse na contemporaneidade deve seguir as tendências da informatização mundial. Desse modo, surgiram ao redor do mundo, por meio das universidades e dos operadores do direito, a discussão a respeito da inteligência das máquinas e de como as IA disporiam de equidade e respeito à democracia para emitir as suas decisões. Desse modo, o trabalho buscou demonstrar as vantagens e riscos da utilização da inteligência artificial na tomada de decisões, em que foi então demonstrado que as decisões emitidas exclusivamente pelas IAs possuem viés, ou seja, elas buscarão nas anteriores emitidas por juízes que são parciais e, se eles não respeitam a lei em suas particularidades sociais, os computadores emitirão decisões que prejudicarão o tecido social.

Por fim, a reflexão do trabalho parte de entender como, no tempo atual, os operadores do direito e desenvolvedores poderão elaborar o banco de dados de computadores para emitirem sentenças e decisões que não prejudiquem a sociedade, sem precisar da presença humana para tal.

Essa reflexão deve levar em consideração os aspectos sociais e de acesso à justiça, para que o sistema não replique as mazelas que já possuía quando comandado somente por decisões de juízes humanos, o que é um desafio para o Direito contemporâneo discutir e melhorar para o futuro, bem como abre a possibilidade de pesquisarmos mais profundamente o assunto posteriormente.

Referências

ALEXY, Robert. **Teoria da argumentação jurídica: a teoria do discurso racional como teoria da fundamentação jurídica**. Tradução Zilda Hutchinson

Schild Silva; revisão técnica da tradução e introdução à edição brasileira: Claudia Toledo. 3.ed., Rio de Janeiro: Forense, 2013.

BRASIL. STJ. **Revolução tecnológica e desafios da pandemia marcaram gestão do ministro Noronha na presidência do STJ – Notícias: 23/08/2022.** Disponível em: https://www.stj.jus.br/sites/portalp/Paginas/Comunicacao/Noticias/23082020-Revolucao-tecnologica-e-desafios-da-pandemia-marcaram-gestao-do-ministro-Noronha-na-presidencia-do-STJ.aspx. Acessado em: 12/10/2022.

BRASIL. Constituição. (1988). **Constituição da República Federativa do Brasil.** Brasília, DF: Senado Federal: Centro Gráfico, 1988.

CAMPILONGO, Celso Fernandes. **Política Sistema Jurídico e Decisão Judicial**, 2. ed., São Paulo: Saraiva, 2013. E-book. ISBN 9788502140417. Disponível em: https://integrada.minhabiblioteca.com.br/#/books/9788502140417/. Acessado em: 03/10/2022.

CANOTILHO, José Joaquim Gomes. *et al.* **Comentários à Constituição do Brasil.** São Paulo: Saraiva; Coimbra: Almedina, 2013.

CNJ. **Justiça em Números** – 2019. Disponível em: https://www.cnj.jus.br/pesquisasjudiciarias/justica-em-numeros/, acesso em 20/10/2022.

CNJ. **Inovações em Inteligência Artificial para o PJe são apresentadas no CNJ.** Disponível em: https://www.cnj.jus.br/inovacoes-em-inteligencia-artificial-para-o-pje-saoapresentadas-no-cnj/, acesso em 20/10/2022.

DE ALMEIDA, Vitor Luís. A fundamentação das decisões judiciais no sistema do livre convencimento motivado. **Revista do Instituto do Direito Brasileiro.** Ano 1 (2012), nº 5. Disponível em: https://www.cidp.pt/revistas/ridb/2012/05/2012_05_2497_2536.pdf. Acessado em: 30/09/2022.

DOS SANTOS, Marcelo Henrique. **Introdução à inteligência artificial.** Londrina: Editora e Distribuidora Educacional S.A., 2021. E-book. ISBN 9786559031245. Disponível em: https://integrada.minhabiblioteca.com.br/#/books/9786559031245/. Acessado em: 10/10/2022.

GABRIEL, Martha. Inteligência Artificial: **Do Zero ao Metaverso**. Barueri (SP): Grupo GEN, 2022. E-book. ISBN 9786559773336. Disponível em: https://integrada.minhabiblioteca.com.br/#/books/9786559773336/. Acessado em: 10/10/2022.

FERRAZ JR., Tércio Sampaio. **Introdução ao Estudo do Direito**. Técnica, Decisão, Dominação. 11 ed. ver., atual. e ampl., 5ª reimp., São Paulo: Atlas, 2022.

FERRAZ JR., Tércio Sampaio. **Estudo de Filosofia do Direito. Reflexões sobre o Poder, a Liberdade, a Justiça e o Direito**. 3. ed. São Paulo: Atlas, 2009.

FELIPE, Bruno Farage da Costa; PERROTA, Raquel Pinto Coelho. **Inteligência artificial no Direito**: uma realidade a ser desbravada. 2018.

FORNASIER, Mateus de Oliveira; SOBREIRO, Rafael Soccol; BRUN, Marco Antonio Compassi. Inteligência artificial e Judiciário: a grande ruptura de paradigmas nas decisões judiciais. **Revista Meritum**, Belo Horizonte, v. 17, n. 1, p. 9, 2022. Disponível em: http://revista.fumec.br/index.php/meritum. Acessado em: 30/09/2022.

KAUFMAN, Dora. **Desmitificando a inteligência artificial**. Belo Horizonte: Autêntica, 2022. (EPUB)

MEDINA, José Miguel Garcia; MARTINS, João Paulo Nery dos Passos. A Era da Inteligência Artificial: As Máquinas poderão tomar Decisões Judiciais? **Revista dos Tribunais**, v. 1020/2020, p. 311 – 338, out. 2020. DTR\2020\11420.

MONTEIRO, Cláudia Servilha. Fundamentos para uma teoria da decisão judicial. In: XVI CONGRESSO DO CONPEDI. 2007. Disponível em: http://www.publicadireito.com.br/conpedi/manaus/arquivos/anais/bh/claudia_servilha_monteiro.pdf. Acessado em: 30/09/2022.

NUNES, Dierle; MARQUES, Ana Luiza Pinto Coelho. Inteligência artificial e direito processual: vieses algorítmicos e os riscos de atribuição de função decisória às máquinas. In: Revista de Processo. 2018. p. 421-447.

PINTO, Henrique Alves; ERNESTO, Leandro Miranda. Inteligência artificial aplicada ao direito: por uma questão de ética. **Revista dos Tribunais On-line. Revista de Processo**, v. 327/2022, p. 431-449, maio, 2022. DTR\2022\8216.

ROQUE, Andre; DOS SANTOS, Lucas Braz Rodrigues. Inteligência artificial na tomada de decisões judiciais: três premissas básicas. Revista Eletrônica de Direito Processual, v. 22, n. 1, 2021.

ROSOLEM, Fernando Franzotti. Inteligência Artificial no sistema processual brasileiro. 2019. Fernando Franzotti Rosolem INTELIGÊNCIA ARTIFICIAL NO SISTEMA PROCESSUAL BRASILEIRO. Artigo apresentado ao Curso de Graduação em Direito da UniCesumar – Centro Universitário de Maringá como requisito parcial para a obtenção do título de Bacharel (a) em Direito.

TOMAZINI, Andressa; ABIKO, Paula Yurie. Inteligência artificial e inteligência humana: nuances nas decisões judiciais. **Revista dos Tribunais On-line. Revista de Direito e as Novas Tecnologias**, v. 9/2020, out./dez. 2020. DTR\2020\14369.

VIANA, Antônio Aurélio de Souza. Juiz-robô e a decisão algorítmica: a inteligência na aplicação dos precedentes. In: FONSECA, Isabella et al. Inteligência artificial e processo. Belo Horizonte: D'Placido, 2019.

ZANETI JR., Hermes; PEREIRA, Carlos Frederico Bastos. Teoria da decisão judicial no Código de Processo Civil: uma ponte entre hermenêutica e analítica. São Paulo, **Revista de Processo da Editora Revista dos Tribunais.** Repro. v. 259, set. 2016. Disponível em: http://www.mpsp.mp.br/portal/page/portal/documentacao_e_divulgacao/doc_biblioteca/bibli_servicos_produtos/bibli_boletim/bibli_bol_2006/RPro_n.259.01.PDF. Acessado em: 05/10/2022.

7.
INTELIGÊNCIA ARTIFICIAL, COMPUTAÇÃO QUÂNTICA E SUAS PERSPECTIVAS NO PROCESSO JUDICIAL

Ezequiel de Sousa Sanches Oliveira
Joel Ricardo Ribeiro de Chaves

Introdução

Este artigo objetiva, em sua finalidade geral, compreender as repercussões da inteligência artificial e computação quântica ante as perspectivas no orbe do processo judicial.

O mundo passa por mudanças. Constantemente, desenvolvemos e entramos em contato com as mais diversas tecnologias, em sua maioria amparadas pelo significativo desenvolvimento computacional, do qual não escapa a atividade estatal sob o seu viés Judiciário, de ampla profusão processual a potencialmente afetar a vida das pessoas e da própria sociedade da informação.

No entanto, não apenas a computação tem se desenvolvido. Nessa perspectiva de desenvolvimento tecnológico, que pode ser caracterizada como uma Quarta Revolução Industrial, a transformação de toda a humanidade está em jogo, pela possibilidade de alterações profundas quanto à maneira como vivemos, trabalhamos e nos relacionamos.

Dentro dessa perspectiva, quiçá como ponteiros que se jogam face aos limites dessa revolução, expandindo-a para além de suas fronteiras atuais, estão as tecnologias correspondentes à Inteligência Artificial (IA) e à Computação Quântica, que se pretende analisar no presente artigo, notadamente em sua perspectiva interseccional, aplicada a um contexto de processos judiciais.

Como objetivo específico, será realizada uma digressão histórica em matéria de computação quântica e desambiguações em face da inteligência artificial, notadamente quanto à *práxis* jurídica possível a se socorrer de tais tecnologias.

Tal justificativa encontra amparo no instituto da prova digital, que para fins de atribuições de responsabilidades, discute-se a sua feitura por automação oriunda de IA.

Assim, com amparo na metodologia da hipotético-dedutiva, sob os métodos de pesquisa documental e bibliográfica, busca-se desenvolver um trabalho que investigue inteligência artificial no direito e as desambiguações à nível de computação quântica, perpassando-se, em um primeiro capítulo, pelo delineamento referencial das perspectivas da inteligência artificial; no segundo, pela análise da computação quântica; e, finalmente, no terceiro, pela análise dos pontos de contato entre ambos, sob uma perspectiva de aplicabilidade no processo judicial.

1. A inteligência artificial

Na perspectiva de desenvolvimento tecnológico, que pode ser caracterizada como uma Quarta Revolução Industrial, a transformação de toda a humanidade está em jogo, pela possibilidade de alterações profundas quanto à maneira como vivemos, trabalhamos e nos relacionamos, haja vista que a escala, o escopo e a complexidade dessa Revolução é algo diferente de tudo que já foi experimentado pela humanidade, sendo que ainda é apenas o começo, haja vista que as inovações hodiernas constroem e amplificam umas às outras, fundindo as tecnologias dos mundos físico, digital e biológico (SCHWAB, 2016, p. 11). Nessa esteira, uma das tecnologias que tem tomado significativo destaque é a da inteligência artificial.

O conceito de inteligência artificial é difícil de definir, inclusive por ser difícil de definir o próprio conceito de inteligência (TAYLOR, 2020, p. 4). Uma de suas possíveis acepções seria a de que a "inteligência é uma potencialidade descrita nos genes, que pode ou não ser ativada no meio e constrói esquemas sócio-históricos de uma sociedade" (TEIXEIRA; CHELIGA, p. 13) e, nesse sentido, a inteligência artificial seria "um sistema computacional criado para simular racionalmente as tomadas de decisão dos seres humanos, tentando traduzir em algoritmos o funcionamento do cérebro humano" (TEIXEIRA; CHELIGA, p. 14-15).

Outra definição seria a de que a Inteligência Artificial

> É a tecnologia informática desenvolvida com o intuito de oferecer soluções para perguntas humanas, com crescente probabilidade estatística de acerto, questões cujas respostas exigem a simulação da capacidade humana de raciocinar, perceber, tomar decisões e resolver problemas. (BARRETO JUNIOR; VENTURI JUNIOR, p. 337).

O Parlamento Europeu (2020) define que "a inteligência artificial é a habilidade da máquina apresentar capacidades similares às humanas, como raciocínio, aprendizado, planejamento e criatividade"[1], permitindo que sistemas técnicos percebam e respondam ao ambiente, resolvam problemas e ajam em direção a um objetivo específico, podendo, inclusive, de forma autônoma, adaptar seu próprio comportamento (até certo grau) pela análise dos efeitos de suas ações prévias. Essa tecnologia é vista com relevância central para a transformação digital da sociedade e se tornou uma prioridade da União Europeia (PARLAMENTO EUROPEU, 2020).

Taylor (2020, p. 4) define inteligência artificial como sendo feita pelo homem, não natural, autônoma e com capacidade de raciocinar e fazer decisões que levem em considerações vários fatores, assim como um cérebro humano o faria, para alcançar determinado propósito.

Não há uma definição única, no entanto, de inteligência artificial. De fato, seu conceito geralmente é dividido em dois tipos: a inteligência artificial forte e a inteligência artificial fraca. Esta última seria aquela que estaria focada em uma única tarefa – embora sua designação seja de "fraca", a performance demonstrada pode ser impressionante –, enquanto a primeira poderia entender e raciocinar sobre seu próprio ambiente assim como um humano faria (TAYLOR, 2020, p. 4).

Sumarizando-se, de uma forma geral,

> A IA é um braço da computação cujo objetivo primordial é desenvolver programas computacionais capazes de automatizar ações inteligentes. Naturalmente, pesquisadores que trabalham nessa linha têm como referência a

[1] Tradução livre. No original: "AI is the ability of a machine to display human-like capabilities such as reasoning, learning, planning and creativity." (PARLAMENTO EUROPEU, 2020).

> inteligência humana e, assim, buscam desenvolver mecanismos capazes de observar, aprender, pensar e agir como humanos. (ARCHEGAS; MAIA, 2022, p. 13)

Os impactos na sociedade, sob os mais diversos aspectos – social, econômico, político, filosófico, jurídico etc. –, são questões próprias a serem debatidas e discutidas hoje, antes de que os problemas surjam ou causem danos significativos, de difícil reparação ou, até mesmo, impossíveis de serem reparados. Nesse sentido,

> Outra questão importante refere-se ao poder de previsão da inteligência artificial e da aprendizagem automática. Se o nosso próprio comportamento torna-se previsível em todas as situações, qual seria o tamanho da liberdade pessoal que temos ou imaginamos ter para nos desviarmos da previsão? Será que isso poderia levar a uma situação em que os seres humanos começarão a agir como robôs? Isso também leva a uma questão filosófica: como manter a nossa individualidade, a fonte da nossa diversidade e democracia, na era digital? (SCHWAB, 2016, p. 102).

É certo, no entanto, que a capacidade de melhorar os sistemas de inteligência artificial dependem significativamente da capacidade de computação, da capacidade de armazenar, separar e processar dados e da arquitetura da rede na qual foi construída, de modo que a computação quântica pode ter significativo impacto na sua melhoria (TAYLOR, 2020, p. 4).

2. A computação quântica na *práxis* jurídica

Uma vez analisados os conceitos basilares de inteligência artificial, passamos aos computadores quânticos capazes de acelerar a IA. Hoje em dia, constata-se alguns algoritmos quânticos com velocidade e rápidos o suficiente para operações de álgebra linear para utilização no aprendizado de máquina, "mas nenhum computador quântico capaz de executá-los" (RUSSELL; NORVIG, 2022, p. 2395).

Fato é que existem vários exemplos de aplicativos para tarefas como as classificações de imagens, hipótese em que "os algoritmos quânticos são tão bons quanto os algoritmos clássicos para pequenos problemas"

(RUSSELL; NORVIG, 2022, p. 2395). Atualmente, os computadores quânticos possibilitam tão somente o processamento de dezenas de bits, ao passo que os algoritmos de *Machine Learning* em geral processam milhões de bits *input* (na entrada) e engendram modelos com centenas de milhões de parâmetros. "Portanto, são necessários avanços em hardware e software quântico para tornar a computação quântica viável para aprendizado de máquina em larga escala" (RUSSELL; NORVIG, 2022, p. 2395).

Russel e Norvig sustentam que

> Alternativamente, pode haver uma divisão de trabalho – talvez um algoritmo quântico para pesquisar eficientemente o espaço de hiperparâmetros enquanto o processo normal de treinamento é executado em computadores convencionais – mas ainda não sabemos como fazer isso. Pesquisas sobre algoritmos quânticos às vezes podem inspirar algoritmos novos e melhores em computadores clássicos. (RUSSELL; NORVIG, 2022, p. 2395).

Por idênticas razões a reflexão abaixo permite o ponto de contato a respingar e gerar efeitos no mundo jurídico, sobretudo na Advocacia quando

> Acreditamos muito que a advocacia 4.0, – que se concretiza a partir da satisfação de alguns atributos exibidos ao longo deste trabalho –, deve ser o caminho para se reconectar o universo jurídico com a nova realidade social e econômica posta. O futuro está sendo escrito neste momento! E sob uma perspectiva quântica, o passado também [...] (FEIGELSON; RAVAGNANI; BECKER, 2021, p. 30).

Nessa perspectiva, apesar de distinções entre si, o cotejamento da IA com a computação quântica impactará o segmento de *lawtechs* no Brasil e própria concepção da *praxis* jurídica, que conforme a Associação Brasileira de Lawtechs e Legaltechs – AB2L (2022) são as seguintes:

> (i) *Analytics* e Jurimetria – Plataformas de análise e compilação de dados e jurimetria; (ii) Automação e Gestão de Documentos – *Softwares* de automação de documentos jurídicos e gestão do ciclo de vida de contratos e pro-

> cessos; (iii) *Compliance* – Empresas que oferecem o conjunto de disciplinas para fazer cumprir as normas legais e políticas estabelecidas para as atividades da instituição; (iv) Conteúdo Jurídico, Educação e Consultoria – Portais de informação, legislação, notícias e demais empresas de consultoria com serviços desde segurança de informação a assessoria tributária; (v) Extração e monitoramento de dados públicos – Monitoramento e gestão de informações públicas como publicações, andamentos processuais, legislação e documentos cartorários; (vi) Gestão – Escritórios e Departamentos Jurídicos – Soluções de gestão de informações para escritórios e departamentos jurídicos; (vii) IA – Setor Público – Soluções de Inteligência Artificial para tribunais e poder público; (viii) Redes de Profissionais – Redes de conexão entre profissionais do direito, que permitem a pessoas e empresas encontrarem advogados em todo o Brasil; (ix) *Regtech* – Soluções tecnológicas para resolver problemas gerados pelas exigências de regulamentação; (x) Resolução de conflitos online – Empresas dedicadas à resolução online de conflitos por formas alternativas ao processo judicial como mediação, arbitragem e negociação de acordos; (xi) *Taxtech* – Plataformas que oferecem tecnologias e soluções para todos os seus desafios tributários; (xii) *Civic Tech* – Tecnologia para melhorar o relacionamento entre pessoas e instituições, dando mais voz para participar das decisões ou melhorar a prestação de serviços; (xiii) *Real Estate Tech* – Aplicação da tecnologia da informação através de plataformas voltadas ao mercado imobiliário e cartorário. (FEIGELSON; RAVAGNANI; BECKER, 2021, p. 30).

A computação quântica, em perspectivas futuras, quebra muitos dos paradigmas da computação clássica, alterando a estrutura clássica e contando com as teorias mecânicas quânticas da física e elementos derivados das mudanças trazidas pela física clássica.

Conquanto aguardava-se a disponibilidade comercial da computação quântica a partir do ano de 2020, tímidos foram os avanços em empreitadas da espécie. De qualquer modo, há "evoluções previstas para 2050 e 2100, em aplicações de inteligência artificial" (FALDBRIARD; BROSSO, 2020. p. 391).

Por fim, com o advento da inteligência artificial, surgiram novas relações internas e externas e outras foram alteradas. Ao analisar dados por intermédio de algoritmos inovadores, a prestação de serviços e os bens envolvidos em disputas jurídicas (judiciais ou extrajudiciais), o que levará a *praxis* jurídica a caminhos sem volta ante a informatização e a profusão da prática digital da Justiça.

2.1. Desambiguações em computação quântica: sequenciamento x simultaneidade

Considerados os princípios que ensejaram o desenvolvimento da computação quântica, permitiu-se o desenvolvimento dos estudos de superposição de estado e sobreposição quântica, estas deram lugar a pesquisas diversas, dentre as quais as que passaram a examinar dois estados diferentes simultaneamente, a par de que o experimento mental do gato de Schrödinger "de um sentido intuitivo à evolução da computação quântica" (FALDBRIARD; BROSSO, 2020, p. 387).

Nessa contextualização aparece a imprescindibilidade de criar um computador para substituir os computadores atuais. Cuida-se de algo que pode resolver problemas matemáticos complexos muito rapidamente usando outros materiais para simular problemas quânticos com recursos de computação e armazenamento muito rápidos.

Na computação quântica, o elemento central é o *qubit* (sigla para bit quântico), que se diferencia por assumir o estado (0,1). Ou seja, espera o estado 0, o estado 1 ou ambos ao mesmo tempo. Daí que resulta a simultancidadc, enquanto que a capacidade de trabalhar ao mesmo tempo aumenta em muito o poder de processamento computacional. "Se na computação clássica o processamento é sequencial, na computação quântica ele é simultâneo" (FALDBRIARD; BROSSO, 2020, p. 338).

Ainda assim, é imprescindível destacar a especificidade da computação quântica, haja vista que

> Os computadores quânticos devem assumir o papel da próxima geração de arquitetura de computação, sobretudo em tarefas bastante especializadas, tais como a criptografia. Eles têm um desenho diferente dos atuais computadores e uma maneira totalmente diferente de programação. Atuam sobre o átomo, em vez do bit de valor 0 ou 1, e têm valores às vezes 0, outras 1, ou qualquer valor intermediário entre 0 e 1. Para programá-los, precisamos agrupá-los em um campo magnético, alinhá-los e bombardeá-los com radia-

> ção magnética, para obtermos uma mudança da sua carga (flip) e assim poder medir o eco dessa operação. (FALDBRIARD; BROSSO, 2020, p. 417-422).

A par do excerto acima, para programar tais numerais, se faz necessário agrupá-los com um campo magnético, alinhá-los e irradiá-los com radiação magnética para obter uma mudança de carga (flip) e isso possibilitar a medição do eco dessa manipulação. O maior problema no projeto desses computadores é a falta de estabilidade, com interferências externas que desestabilizam os átomos (decoerência) e os colocam em clusters que mudam aleatoriamente (FALDBRIARD; BROSSO, 2020, p. 422).

Tais problemas na engenharia desdobram na previsibilidade de multiplicação da potência computacional em direção à era pós-silício, sentido no qual

> A lei de Moore, válida durante os últimos anos, prevê a multiplicação da potência dos computadores a cada 18 meses, entretanto já temos em vista sinais de um certo atraso nesse período previsto, ficando cada vez mais difícil manter esse ritmo evolutivo. O fato traz reflexos de mercado, em que os chips dos computadores e smartphones são vistos como motores da prosperidade. Em breve sairemos da era do silício, indo para a era pós-silício (FALDBRIARD; BROSSO, 2020, p. 422-426).

Cabe problematizar como tantas questões de ordem técnica e estrutural poderiam afetar a atividade dos Tribunais de todo o mundo, o que permite concluir a necessidade de uma releitura da *práxis* jurídica em seu cotejo conservador, enquanto tradição do Direito, e os novos direitos e sua aplicação na Sociedade da Informação, justamente para acompanhar esta mesma sociedade e atingir uma prestação jurisdicional satisfativa e ótima aos anseios e complexidade de uma sociedade em constante e rápida transformação, ou que pelo menos permita o entendimento das reverberações de tantas mudanças sociais decorrentes das inovações tecnológicas que seguramente continuarão a impactar (em modo "quântico") o Judiciário.

É por isso que o primeiro físico a asseverar que "a descoberta do quantum, por Planck, exigiria uma reescrita das leis da física" (FALDBRIARD;

BROSSO, 2020, p. 426) foi Einstein. Ao defender sua afirmação, em 1905 ele teorizou que "a luz às vezes age como uma partícula, que ele chamou de 'quantum da luz'" (FALDBRIARD; BROSSO, 2020, p. 426). Esta concepção de "quantum" é fundamental para a compreensão da computação quântica, que deita raízes na própria física, sentido no qual se destaca que

> A revolução quântica de meados da década de 1920 ocorreu sob a direção dos físicos Einstein e Bohr, e seus debates pós-revolucionários tratavam de dar sentido à mudança. Os choques para Einstein começaram em 1925, quando Werner Heisenberg introduziu equações matriciais que removeram os elementos newtonianos do espaço e do tempo de qualquer realidade subjacente. O choque seguinte veio em 1926, quando Max Born propôs que a mecânica deveria ser entendida como uma probabilidade sem qualquer explicação causal. Einstein rejeitou essa interpretação. Em uma carta de 1926 a Max Born, Einstein escreveu: "Eu, de qualquer forma, estou convencido de que Ele [Deus] não joga dados." (FALDBRIARD; BROSSO, 2020, p. 432-436).

Por fim, conforme apontado por Faldbriard e Brosso (2020, p. 432-436), a teoria foi observada por Einstein, mas ele não estava disposto a acatar opiniões de físicos que defendiam a mecânica quântica, como Bohr, Heisenberg e Schrödinger, então o debate científico foi instalado. Naquele momento, a equação perfeita que governava o mundo era a da teoria da relatividade ($E=mc^2$).

2.2. Escorço histórico

No estudo da computação clássica, os computadores são baseados na arquitetura de Von Neumann, é dizer, com unidades de bits e bytes (0,1). Em outras palavras, consiste um sistema binário que separa elementos de processamento e armazenamento de dados, porque possui processadores e memória separados por meio de um barramento de comunicação em processamento sequencial. No entanto, os computadores de hoje esbarram em limitações. Com o desenvolvimento da tecnologia, o aumento do volume de dados e a necessidade de maior velocidade de processamento, "percebe-se que, com o tempo, não existirá hardware com potência ou velocidade de processamento suficiente para suportar aplicativos mais avançados" (FALDBRIARD; BROSSO, 2020, p. 329). Tal constatação revela o maior obste para a computação quântica atualmente.

Com o advento dos computadores quânticos nos Estados Unidos na década de 1950 do século XX, com base nas leis da física clássica e da mecânica quântica, apenas trinta anos depois, em 1981, com mais exatidão, o físico Richard Feynman apresentou numa conferência no *Massachusetts Institute of Technology* (MIT), localizado nos Estados Unidos, a ousada proposta de uso "de sistemas quânticos que teriam, então, uma capacidade de processamento superior à dos computadores comuns, e os descreve como a energia livre que afeta as operações da computação e o elo entre nosso cérebro e a computação quântica" (FALDBRIARD; BROSSO, 2020, p. 343).

Somente em 1985, na Universidade de Oxford, David Deutsch revelou o primeiro computador quântico, a chamada Máquina de Turing Quântica, que simulava outro computador quântico. Em 1994, o professor de matemática aplicada Peter Shor publicou um novo trabalho sobre computação quântica no Bell Labs da AT&T em Nova Jersey, quase uma década após o trabalho de Deutsch. Dito de outro modo, foi criado um algoritmo de fatoração que explora a repetição de funções com recursos de paralelismo quântico. (FALDBRIARD; BROSSO, 2020, p. 348).

No âmbito do MIT, o primeiro protótipo de um computador quântico com uso de montagem térmica foi construído apenas em 1999. Sucede que, desde o ano 2000, várias universidades norte-americanas, em colaboração com institutos de pesquisa, construíram todos os componentes necessários para gerar o fluxo da lógica quântica, especialmente um componente (circuito eletrônico) que ficou conhecido como "gate", donde passaram a construir componentes e circuitos eletrônicos, "componentes construtivos bastante análogos ao circuito, já conhecidos na computação clássica" (FALDBRIARD; BROSSO, 2020, p. 353).

Daí em diante sucedeu uma aceleração sem precedentes em matéria de processadores quânticos:

> Em 2007 surgiu o Orion, um processador quântico de 16 qubits que foi desenvolvido pela empresa canadense D-Wave.
> Em 2011, a D-Wave lançou o primeiro computador quântico para comercialização, o D-Wave One, que tinha um processador de 128 qubits. Porém o

> D-Wave One ainda não era totalmente independente, e precisava ser usado em conjunto com computadores convencionais, de forma híbrida. Em 2017, a D-Wave Systems lançou comercialmente o 2000Q, um computador quântico de 2.000 qubits a módicos US$15 milhões. O computador quântico anterior da companhia tinha 1.000 qubits. O desenho da D-Wave é um "annealer" quântico executando algoritmos de computação quântica adiabática feitos exclusivamente para rotinas de otimização, e assim difere e não é comparável aos computadores quânticos universais e programáveis dos demais circuitos qubit em supercondutor. (FALDBRIARD; BROSSO, 2020, p. 353-363).

Nessa evolução, desponta um brasileiro, que,

> Ainda em 2017, o físico brasileiro Guilherme Tosi, junto de uma equipe de pesquisadores da Universidade de Nova Gales do Sul, na Austrália, inventou uma nova arquitetura radical para a computação quântica baseada em "flip-flop qubits" que pôde ser usada em um novo tipo de computador quântico, permitindo assim a fabricação de processadores quânticos em larga escala, tornando-se muito mais barata — e fácil — do que se pensava ser possível, sem a necessidade do processo complicado da colocação precisa dos átomos de silício no processador. (FALDBRIARD; BROSSO, 2020, p. 362-367).

O superaquecimento das máquinas foi outro fator importante, que resultou na busca de novos metais para a integração e configuração de computadores quânticos, "tanto para as baterias quanto para a forma de propagação da energia" (FALDBRIARD; BROSSO, 2020, p. 367).

A China, atualmente, possui um grande centro de pesquisa e desenvolvimento de computadores quânticos. Xangai é agora a capital da computação quântica, embora a pesquisa científica em computação quântica tenha começado nos Estados Unidos. Em decorrência da matéria-prima abundante na região e mão de obra barata, a prática ganha profusão na Ásia e se espalha pelo globo por meio da computação em nuvem (FALDBRIARD; BROSSO, 2020, p. 371).

Já no Brasil,

> Há diversos núcleos de pesquisas na área da computação quântica. Há um grupo no LNCC (Laboratório Nacional de Computação Científica), além de

> grupos pertencentes às instituições de ensino superiores, com destaque para universidades do Rio de Janeiro e da Paraíba, e estudos sobre a segurança no Laboratório de Redes de Computadores (LARC) na POLI /USP e PUC São Paulo. (FALDBRIARD; BROSSO, 2020, p. 371).

Com efeito, o estado da arte instiga severas polêmicas, tais como os pensamentos abaixo:

> Ao observá-las, perceberá que a computação quântica inspira emoções, desperta a curiosidade e ainda possui mistérios. Hoje ninguém sabe de exato como tudo isto funciona." Dr. Ilyas Kahn
> "Eu acho que posso dizer com segurança que ninguém entende a mecânica quântica". Richard Feynman (FALDBRIARD; BROSSO, 2020, p. 401.

Tais elementos aqui destacados demonstram a perspectiva evolutiva, no mundo e no Brasil, que se direciona ao desenvolvimento e aperfeiçoamento das tecnologias relacionadas à computação quântica.

2.3. Principiologia

A computação quântica por si mesma não é inerentemente perigosa (TAYLOR, 2020, p. 9). Contudo, ainda que apresente diversos benefícios potenciais, sua capacidade de gerar ou aumentar riscos para as pessoas e seus direitos é notável, de modo que o aprofundamento de seus estudos e consequências e a regulação adequada se afiguram como necessárias para viabilizar o desenvolvimento tecnológico e científico, ao passo que não se deixe de resguardar os direitos e deveres da sociedade e de seus integrantes.

Nesse passo, Taylor defende que a abordagem regulatória mais provável seria endereçar possível aplicações específicas, numa análise caso a caso, mediante a combinação de padrões técnicos, licenciamento, regulação, tributação, financiamento de pesquisa e desenvolvimento, legislações anti-trust, de propriedade intelectual, responsabilidade civil, entre outras, observando-se, ainda, que tais tecnologias poderão estar integradas ao que chama de "Infoesfera Incorporada", que corresponderia à integração da rede de internet das coisas (IoT), da nuvem, do Big Data e da Inteligência Artificial, em uma relação de interdependência (TAYLOR, 2020, p. 9).

Enquanto a inteligência artificial depende da programação de algoritmos, a computação quântica observa os princípios da sobreposição quântica, a experiência do gato de Schrödinger, o entrelaçamento quântico, o teletransporte quântico, o espalhamento de Rutherford e, ainda, a existência de multiverso (FALDBRIARD; BROSSO, 2020. p. 381).

No que tange especificamente à Inteligência Artificial Quântica, Taylor (2020, p. 9) salienta a existência de *experts* que sustentam que a Inteligência Artificial Forte pode significar uma ameaça potencial a seus criadores, demandando uma regulação adequada para a garantia da segurança, conforme advertiram Stephen Hawking, Bill Gates e Elon Musk.

Nessa perspectiva, observa que a abordagem mais comum seria a de impor um princípio da precaução, o qual se aplicaria como uma regulamentação para causas potencialmente catastróficas e irreversíveis, ou ameaças à vida, propriedade ou bem-estar humanos, mas ainda pouco entendidas, como seria o caso da Inteligência Artificial Quântica, por sua incerteza empírica, valores conflitantes, altos riscos e urgência, mas que esse princípio teria seus defensores – que observam a necessidade de uma governança de inteligência artificial para coordenar e direcionar uma certeza científica – e seus opositores – pois se trataria de barreiras desnecessárias, por vezes arbitrárias ou incoerentes, para o desenvolvimento de inteligências artificiais sob uma percepção abstrata de riscos associados à tecnologia, de modo que o caminho a seguir seria o de encorajar a inovação e elaborar soluções direcionadas aos problemas específicos conforme eles forem ocorrendo (TAYLOR, 2020, p. 9).

Noutro giro, observa-se que a computação quântica pode melhorar os sistemas de inteligência artificial significativamente, não apenas sob uma perspectiva de velocidade no desenvolvimento dos trabalhos computacionais tradicionais, como também pela possibilidade de desenvolvimento de diferentes coisas, considerando-se que a computação quântica possui um framework estrutural capaz de processar informações simultaneamente a velocidades enormes, através de uma rede neural forte com avançadas capacidades de mapeamento de recursos, tornando, nessa interlocução, a inteligência artificial mais inteligente, mais rápida e mais perspicaz, assim como poderia permitir que a esta melhore os processos da própria computação quântica (TAYLOR, 2020, p. 4-5).

Taylor (2020, p. 1-2), outrossim, identifica a computação quântica e sua intersecção com a inteligência artificial, a que se refere como Inteligência Artificial Quântica, como poderosas novas tecnologias cujos impactos potenciais estão apenas começando a ser pensados, com implicações ainda desconhecidas, ao passo em que se observa o potencial de inovação disruptiva e de ponto de inflexão social, dada a possibilidade de se aumentar qualitativamente o nível de performance de diversas tecnologias críticas, assim como de se caracterizarem como fatores de riscos em áreas da tecnologia, de mercados e de segurança nacional, de modo que se tem demonstrado interesse de regulamentação dos temas, numa tentativa de entender, monitorar e coordenar seus potenciais e riscos.

3. Perspectivas e (in)efetividade da inteligência artificial no processo judicial

Sobre *Big Data* e seu uso para controle estatal, Mayer-Schönberger e Cukier (2014, p. 177-178) discorrem sobre o risco de se utilizar essa tecnologia para prever quais pessoas seriam mais propensas a cometer crimes e, em sequência, submetê-las a certo "tratamento especial", as escrutinando repetidamente em nome da redução de riscos à sociedade, em razão da possibilidade dessas pessoas assim categorizadas poderem se sentir, com razão, que estão sendo punidas sem ter infligido nenhuma norma, sentido no qual as escolhas individuais e a própria liberdade individual não mais importariam. Não poderia ser outra a conclusão dos próprios autores, de que "sem culpa, não pode haver inocência. Ceder a tal abordagem não melhoraria a sociedade, mas, sim a empobreceria"[2].

Ante a celeuma da (in)efetividade e respectivas perspectivas em torno de IA, oportuna a provocação formulada por Reis:

> A inteligência artificial não me preocupa; é a estupidez humana o que me aterroriza.

[2] Tradução livre. No original: "Without guilt, there can be no innocence. Giving in to such an approach would not improve our Society but impoverish it". (MAYER-SCHÖNBERGER; CUKIER, p. 178).

> O debate sobre a tecnologia e seu papel na sociedade está sendo manipulado para enganar os cidadãos e amedrontá-los quanto ao futuro.
> O intuito é, por meio do medo, fazê-los aceitar a se submeter a políticos e suas leis, as quais simplesmente não podem proteger o indivíduo dos desafios da robotização. Entretanto, sempre há aquela enxurrada de estudos nos alertando que, daqui a 50 anos, a vasta maioria do trabalho será feita por robôs, e não haverá empregos para ninguém. O que podemos fazer? Já faz décadas que vivemos essa falácia das estimativas distópicas. Se fossemos acreditar em todos os estudos que "prevêem o que acontecerá daqui a 50 anos", já era para estarmos sem água, petróleo e empregos há pelo menos dezessete anos. [...].
> A realidade é que, hoje, a população mundial chegou a 7,5 bilhões de pessoas e, não obstante toda a revolução tecnológica, nunca tivemos tanto trabalho a ser feito. Não só a necessidade de nenhum trabalho foi abolida, como novos trabalhos até então inimaginados surgiram (REIS, 2020, p. 175).

Para fins de análise das problematizações ventiladas neste trabalho, as questões resultantes de IA e/ou computação quântica não escapam de preocupantes aspectos em torno de segurança e sobre o que faremos destas novas tecnologias, donde decorre a premente inquietação de que

> Um uso compassivo e triunfante do legado cósmico da humanidade parece maravilhoso, mas é preciso levar em conta também o ritmo acelerado de inovação no setor da prevaricação. Pessoas maldosas estão arquitetando novas maneiras de usar a ia para o mal, tão rapidamente que este capítulo com certeza já terá sido ultrapassado mesmo antes de ser impresso. No entanto, pensem nisso não como uma leitura deprimente, mas como um alerta, um chamado à ação, antes que seja tarde. VIGILÂNCIA, PERSUASÃO e CONTROLE (RUSSEL, 2021, p. 139).

Nesse sentido, ressalva-se a necessidade premente de regulamentação nas matérias, pois ainda que passíveis de violação pelos agentes,

> Isso não é motivo para evitar a regulamentação — afinal, temos leis contra homicídio, apesar de serem violadas com frequência. No entanto, cria um sério problema de fiscalização. Já estamos perdendo a batalha contra os malwares e os crimes cibernéticos. (Um relatório recente estima o número de

vítimas em mais de 2 bilhões e um custo anual de cerca de 600 bilhões de dólares.) (RUSSEL, 2021, p. 332).

Finalmente, seja à nível de computação quântica ou com IA, "os malwares na forma de programas altamente inteligentes seriam muito mais difíceis de derrotar". (RUSSEL, 2021, p. 332).

Numa análise detida para aplicação de inteligência artificial com fins processuais, algumas perguntas formuladas estremecem as estruturas clássicas dos processos judiciais tais como se "será admissível uma tal intromissão na privacidade/intimidade? Estará assegurado o exercício do direito de defesa do arguido?" (RODRIGUES, 2020, p. 156).

A pertinência de perquirições como estas, a par de todos seus dilemas, preços a serem pagos e sacrifícios, apontam na direção de interpretações processuais possíveis, notadamente quanto à produção de prova digital via inteligência artificial e coleta de dados promovidas mediante a

> Intromissão nos direitos fundamentais dos envolvidos torna-se muito mais severa, na medida em que a intromissão na vida privada através, por exemplo, de técnicas de prospecção de dados (data mining), permite o acesso a uma enorme quantidade de dados (RODRIGUES, 2020, p. 155).

As violações aos direitos fundamentais são elicitadas da seguinte forma nos ensinamentos de Rodrigues:

> (...) a utilização de inteligência artificial no domínio da prova digital traduz-se num claro atentado a uma multiplicidade de direitos dos atingidos. Direitos estes já "invadidos", note-se, com a recolha de prova em ambiente digital através de ferramentas tradicionais, mas cuja compressão é agora (ainda) mais preocupante. O direito à palavra, o direito à imagem, o direito à privacidade/ intimidade, o direito à autodeterminação informacional e o direito à integridade e confidencialidade dos sistemas informáticos estão entre aqueles cuja violação é mais evidente. Por outro lado, a complexidade e a opacidade que caracterizam certos sistemas de inteligência artificial podem pôr em causa, ainda, o direito de defesa do arguido (RODRIGUES, 2020, p. 159-160).

A constatação acima como ponto de partida revela a possível utilização de inteligência artificial como capaz de legitimar imputações de prática de ilícitos a cidadãos, que poderiam não ser os reais responsáveis por alguma conduta tida como ilícita, ao que pontos tormentosos insurgem em matéria de prova, celeuma esta que não é nova, de forma que a contextualização acerca dos termos "prova digital" e prova eletrônica" vem na seguinte escolástica:

> Apesar de "prova digital" e "prova eletrónica" serem expressões largamente referidas pela doutrina, a utilização destes conceitos nem sempre é clara. O conceito de prova eletrónica é um conceito mais abrangente que o de prova digital, na medida em que engloba não apenas a prova obtida através de dados em formato digital, mas também a alcançada por meio de dados em formato analógico (por exemplo, fotografias em rolo fotográfico). Poderá dizer-se que prova digital é a prova produzida a partir de dados em formato digital (na forma binária), "que são manipulados, armazenados ou comunicados através de qualquer dispositivo, computador ou sistema informático, ou transmitidos através de um sistema de comunicação". A prova digital pode encontrar-se em fontes tão diversificadas como, por exemplo, computadores, smartphones, smartwatches, tablets, câmaras fotográficas ou de vídeo digitais, impressoras, scanners, dispositivos de armazenamento USB, consolas de videojogos, sistemas de videovigilância ou em redes de comunicações eletrónicas. Através da recolha de prova em ambiente digital conseguirá aceder-se a dados informáticos tão variados como ficheiros de imagem ou de vídeo, conteúdo de e-mails, diários eletrónicos, dados de tráfego, dados de localização, entre outros (RODRIGUES, 2020, p. 156-157).

Contudo, especialmente no Parlamento Europeu, verificam-se iniciativas e esforços contrapostos e com utilização de aprendizagem automática de máquina (*machine learning*), de modo a prevenir imputações indiscriminadas:

> H. Considerando que a aprendizagem automática oferece enormes benefícios económicos e inovadores à sociedade ao melhorar significativamente a capacidade de análise de dados, suscitando simultaneamente desafios no que respeita à garantia da não discriminação, ao processo equitativo, à

transparência e à inteligibilidade dos processos decisórios; (PARLAMENTO EUROPEU, 2017).

Na conversão de um mundo analógico para o digital cujas coletas de dados e informações ocorrem aos borbotões e em altíssima quantidade, no que toca à imaterialidade ou invisibilidade da prova digital implica em reconhecer que,

> No essencial, a prova digital é composta por uma sequência de bits e existe independentemente do suporte material no qual se encontre incorporada. Tal prova encontra-se frequentemente em locais acessíveis somente por meio de ferramentas específicas e onde apenas especialistas conseguirão pesquisar. À imaterialidade associa-se ainda o caráter frágil e volátil da prova – a prova digital pode ser modificada, destruída, ou apagada, quer por influência do utilizador (mesmo de forma remota), quer de forma automática pelo sistema operativo (RODRIGUES, 2020, p. 157).

Quanto às perspectivas e (in)efetividade da Inteligência Artificial no processo judicial, seria temerário perder de vista alguma banalidade dos esforços pautados em inteligência artificial direcionados à atividade jurisdicional, principalmente ao transportarmos as ocorrências da vida normal que tomam a dianteira antecipada das querelas que chegam ao Judiciário. Se vale de alguma inquietação, temos a das mais tormentosas:

> Embora os thrillers e a ficção científica tendam para apocalipses dramáticos cheios de fumo e fogo, na verdade podemos vir a ser confrontados com um banal apocalipse de cliques". (...) estamos a criar seres humanos dóceis que produzem grandes quantidades de dados e que funcionam como chips eficientes num enorme mecanismo processador de dados (...) Yuval Noah Harari 21 Lições para o Século XXI (pp. 97 e 98) (RODRIGUES, 2020, p. 9).

Por isso, um dos pilares em matéria de regulação da inteligência artificial repousa no uso de sistemas de inteligência artificial na produção probatória, notadamente quando coletas por automação algorítmica, em face dos direitos e garantias fundamentais.

Conclusões

Por Inteligência Artificial (IA) compreende-se a tecnologia informática desenvolvida com o intuito de oferecer soluções para perguntas humanas, sob uma perspectiva de simulação da capacidade humana de raciocinar, perceber, tomar decisões e resolver problemas, embora ainda se afigure como controversa a sua conceituação.

Um sentido buscado para superar esse problema de conceituação é a divisão da IA em dois tipos, a inteligência artificial forte, a qual poderia entender e raciocinar sobre seu próprio ambiente assim como um humano faria, e a inteligência artificial fraca, focada em uma única tarefa.

A IA é um braço da computação cujo objetivo primordial é desenvolver programas computacionais capazes de automatizar ações inteligentes. Naturalmente, pesquisadores que trabalham nessa linha têm como referência a inteligência humana e, assim, buscam desenvolver mecanismos capazes de observar, aprender, pensar e agir como humanos.

Por sua vez, computadores quânticos, que representam o próximo passo evolutivo esperado no desenvolvimento computacional, prometem a aceleração da IA. Atualmente, constata-se alguns algoritmos quânticos com velocidade e rápidos o suficiente para operações de álgebra linear para utilização no aprendizado de máquina, mas ainda há significativas dificuldades em desenvolver computadores quânticos capaz de executar tais algoritmos, fazendo-se necessários avanços em hardware e software quântico para tornar a computação quântica viável para aprendizado de máquina em larga escala.

A computação quântica, em perspectivas futuras, quebra muitos dos paradigmas da computação clássica, alterando a estrutura clássica e contando com as teorias mecânicas quânticas da física e elementos derivados das mudanças trazidas pela física clássica.

Embora a disponibilidade comercial da computação quântica não tenha se mostrado como realidade a partir do ano de 2020, como se aguardava, há evoluções previstas para 2050 e 2100, notadamente em aplicações de inteligência artificial.

No entanto, não é cedo demais para se debater questões e riscos futuros e, nesse sentido, desenvolver propostas de regulação que viabilizem o desenvolvimento dessas tecnologias sem olvidar os direitos e garantias da sociedade e seus cidadãos.

Percebe-se, assim, que inúmeros efeitos decorrentes da IA e da computação quântica podem recair no mundo jurídico, sobretudo na advocacia, porque a advocacia 4.0 deverá ser o caminho para se reconectar o universo jurídico com a nova realidade social e econômica posta.

O cotejamento da IA com a computação quântica impactará o segmento de *Lawtechs* no Brasil e a própria concepção da práxis jurídica, impactando elementos como a *analytics* e jurimetria, a automação e gestão de documentos e departamentos jurídicos, o *compliance*, o próprio conteúdo jurídico, tanto em educação, como em consultoria, a extração e monitoramento de dados públicos, a aplicação de soluções de Inteligência Artificial para tribunais e poder público, as redes de profissionais e diversas outras potenciais repercussões.

Com o advento da inteligência artificial, surgiram novas relações internas e externas e outras foram alteradas. Ao analisar dados por intermédio de algoritmos inovadores, a prestação de serviços e os bens envolvidos em disputas jurídicas (judiciais ou extrajudiciais) poderão levar a *práxis* jurídica a caminhos sem volta ante a informatização e a profusão da prática digital da Justiça.

O futuro está sendo escrito neste momento! E sob uma perspectiva quântica, o passado também.

Referências

ASSOCIAÇÃO BRASILEIRA DE LAWTECHS E LEGALTECHS. **Radar de Lawtechs e Legaltechs**. Disponível em: https://ab2l.org.br/ecossistema/radar-de-lawtechs-e-legaltechs/. Acesso em 28 nov. 2022.

ARCHEGAS, João Victor; MAIA, Gabriella. **O que é inteligência artificial (IA)?**: Análise em três atos de um conceito em desenvolvimento. In: Cadernos Adenauer XXIII, n. 2, Inteligência artificial: aplicações e implicações. Rio de Janeiro: Fundação Konrad Adenauer, 2022, p. 9-28.

BARRETO JUNIOR, Irineu Francisco; VENTURI JUNIOR, Gustavo. **Inteligência Artificial e seus Efeitos na Sociedade da Informação**. In: LISBOA, Roberto Senise (coord.). O Direito na Sociedade da Informação IV: movimentos sociais, tecnologia e a atuação do Estado. São Paulo: Almedina, 2020.

FALDBRIARD, Claude; BROSSO, Ines. **Computação Quântica [recurso eletrônico]: a realidade de uma nova era** / Claude Falbriard, Ines Brosso. – Rio de Janeiro: Alta Books. Edição do Kindle, 2020.

FEIGELSON, Bruno; RAVAGNANI, Giovani; BECKER, Daniel. **O Fim dos Advogados?** : Estudos em Homenagem ao Professor Richard Susskind : vol. II eBook Kindle, 2021.

MAYER-SCHÖNBERGER, Viktor; CUKIER, Kenneth. **Big data**. Boston, New York: Mariner Books, 2014.

PARLAMENTO EUROPEU. **Resolução do Parlamento Europeu, de 16 de fevereiro de 2017, que contém recomendações à Comissão sobre disposições de Direito Civil sobre Robótica.** Estrasburgo, 16 de fevereiro de 2017. Disponível em: https://www.europarl.europa.eu/doceo/document/TA-8-2017-0051_PT.html. Acesso em: 28 nov. 2022.

PARLAMENTO EUROPEU. **What is artificial intelligence and how is it used?**. [S. l.], 2020. Disponível em: https://www.europarl.europa.eu/news/en/headlines/society/20200827STO85804/what-is-artificial-intelligence-and-how-is-it-used. Acesso em: 27 nov. 2022.

REIS, Paulo Victor Alfeo. **Algoritmos e o Direito** / Paulo Victor Alfeo Reis. – São Paulo: Almedina. Edição do Kindle, 2020.

RODRIGUES, Anabela Miranda. **Inteligência Artificial no Direito Penal.** Almedina. Edição do Kindle, 2020.

RUSSELL, Stuart J; NORVIG, Peter. **Inteligência Artificial: uma abordagem moderna** / Stuart J. Russell, Peter Norvig; tradução: Daniel Vieira; Flávio Soares Corrêa da Silva. 4. Ed. – Rio de Janeiro: GEN | Grupo Editorial Nacional S.A. Publicado pelo selo LTC | Livros Técnicos e Científicos Ltda., LTC Editora. Edição do Kindle, 2022.

SCHWAB, Klaus. **A Quarta revolução industrial**. Tradução de Daniel Moreira Miranda. São Paulo: Edipro, 2016.

TAYLOR, Richard D. **Quantum Artificial Intelligence: A "precautionary" U.S. approach?**. Telecommunications Policy, v. 44, n. 6, julho 2020. Disponível em: https://doi.org/10.1016/j.telpol.2020.101909. Acesso em: 27 nov. 2022.

TEIXEIRA, Tarcisio; CHELIGA, Vinicius. **Inteligência Artificial: aspectos jurídicos**. 3. ed., rev. e atual. Salvador: Editora JusPodivm, 2021.